U0891337

普通高等教育“十一五”国家级规划教材

最优控制理论基础

吕显瑞　黄庆道　编著

科学出版社

北　京

内 容 简 介

本书共分 7 章，包括最优控制问题、变分法、最大值原理、动态规划、可控性和可观测性、离散控制系统的变分法和最大值原理、线性二次型最优控制问题等.

本书适合数学各专业本科生用作教材，也可供相关专业的老师和学生用作参考书.

图书在版编目(CIP)数据

最优控制理论基础/吕显瑞，黄庆道编著.—北京：科学出版社，2008
普通高等教育“十一五”国家级规划教材
ISBN 978-7-03-021861-2

Ⅰ.最… Ⅱ.①吕…②黄… Ⅲ.最佳控制-数学理论-高等学校-教材
Ⅳ.O232

中国版本图书馆 CIP 数据核字(2008)第 063592 号

责任编辑：李鹏奇　王　静　房　阳 / 责任校对：张　琪
责任印制：赵　博 / 封面设计：耕者设计工作室

科学出版社出版
北京东黄城根北街 16 号
邮政编码：100717
http://www.sciencep.com

保定市中画美凯印刷有限公司印刷
科学出版社发行　各地新华书店经销

*

2008 年 7 月第　一　版　开本：720×1000　1/16
2025 年 3 月第十一次印刷　印张：10 3/4
字数：201 000

定价：38.00 元

（如有印装质量问题，我社负责调换）

前　言

最优控制理论是现代控制理论中最早发展起来的分支之一．最优控制理论主要讨论求解最优控制问题的方法和理论，包括最优控制的存在性和唯一性以及最优控制应满足的必要条件等．最优控制理论始于 20 世纪 50 年代末，其主要标志是前苏联数学家庞特里亚金(L.C.Pontryagin)等提出的“最大值原理”．随着现代科学技术与生产发展的需要以及计算机技术的飞速发展，最优控制理论的应用日益广泛，在工矿企业、交通运输、电力工业、国防工业和国民经济管理等部门有着广泛的应用．本书系统地介绍了最优控制理论．

全书共分 7 章．第 1 章通过具体实例介绍了最优控制问题．第 2 章讨论了变分法的基本概念和变分法在连续系统最优控制中的应用．第 3 章着重讲述了连续系统最优控制问题的最大值原理及其应用，特别是最小时间控制问题．第 4 章介绍了动态规划及其在最优控制中的应用．第 5 章讨论了可控性和可观测性．第 6 章讲述了离散控制系统最优控制问题的变分法和最大值原理．第 7 章讨论了线性二次型最优控制问题．

本书是作者在为吉林大学数学学院本科生讲授最优控制理论及应用的讲义基础上，经过多年教学实践不断修改完成的．吕显瑞编写了第 1 章、第 2 章、4.1 节、4.2 节以及第 7 章，黄庆道编写了第 3 章、4.3 节、第 5 章以及第 6 章．在编写过程中得到了吉林大学数学学院和数学研究所领导以及李勇教授的热情关怀、帮助和鼓励，在此致以诚挚的谢意！在编写过程中，参考了许多作者的著作，在此对他们表示衷心的感谢！

由于作者水平有限，书中难免有遗漏和不当之处，恳请广大读者批评指正．

作　者

2008 年 1 月

目　　录

第 1 章　最优控制问题

最优控制理论是现代控制理论中最早发展起来的分支之一. 所谓**控制**就是人们用某种方法和手段去影响事件及其运动的进程和轨道,使之朝着有利于控制主体的方向发展. 对于一个给定的受控系统,常常要求找到这样的控制函数,使得在它的作用下,系统从一个状态转移到为设计者希望的另一个状态,且使得系统的某种性能尽可能好. 通常称这种控制问题为**最优控制问题**. **最优控制理论**主要讨论求解最优控制问题的方法和理论,包括最优控制的存在性、唯一性和最优控制应满足的必要条件等. **最优控制理论**始于 20 世纪 50 年代末,其主要标志是前苏联数学家庞特里亚金(L. C. Pontryagin)等提出的“最大值原理”. **最优控制理论**在工矿企业、交通运输、电力工业、国防工业和国民经济管理等部门有着广泛的应用.

本章通过几个具体实例介绍最优控制的基本问题和基本概念以及最优控制问题的数学描述.

1.1　最优控制实例

下面列举几个简单但具有实际应用的例子,它们虽然来自完全不同的领域,但却反映了一个共同的问题——最优控制问题.

例 1.1.1　快速到达问题.

考虑一个机构(如车皮)W,其质量为 m,沿着水平的轨道运动,不考虑空气的阻力和地面对车皮的摩擦力,把车皮看成一个沿着直线运动的质点,$x(t)$表示车皮在 t 时刻的位置,$u(t)$是施加在车皮上的外部控制力,假定车皮的初始位置和速度分别为 $x(0)=x_0$,$\dot{x}(0)=y_0$,希望选择一个控制函数 $u(t)$使车皮在最短时间内到达并静止在坐标原点,即到达坐标原点时速度为零.

根据牛顿第二定律

$$m\ddot{x}=u(t),\quad t>0, \tag{1.1.1}$$

令 $x=x_1$,$\dot{x}_1=x_2$,则(1.1.1)化为

$$\begin{cases}\dot{x}_1=x_2,\\ m\dot{x}_2=u(t),\end{cases} \tag{1.1.2}$$

其中,$x_1(t)$,$x_2(t)$分别表示车皮在 t 时刻的位置和速度,写成向量形式为

$$\begin{cases} \dot{x} = Ax + bu(t), \\ x(0) = (x_0, y_0)^{\mathrm{T}}, \end{cases} \tag{1.1.3}$$

其中，

$$A = \begin{pmatrix} 0 & 1 \\ 0 & 0 \end{pmatrix}, \quad b = \begin{pmatrix} 0 \\ 1/m \end{pmatrix}, \quad x(t) = \begin{pmatrix} x_1(t) \\ x_2(t) \end{pmatrix}.$$

由于技术上的原因，外部推力不可能要多大有多大，它在数量上是有界的，即

$$|u(t)| \leqslant M, \tag{1.1.4}$$

其中，M 是正常数.

$$J(u(t)) = \int_{t_0}^{t_1} 1\mathrm{d}t. \tag{1.1.5}$$

问题是寻找一个满足条件(1.1.4)的控制函数 $u(t)$，把 W 由初态$(x_0, y_0)^{\mathrm{T}}$转移到终态$(0,0)^{\mathrm{T}}$，且使性能指标(1.1.5)达到最小. 任何能达到上述要求的控制函数都称为最优控制. 电梯的快速升降、轧钢机的快速控制和机械振动的快速消振问题都可以用上述问题阐述.

例 1.1.2　国民收入的增长问题.

国民经济收入主要分为两个方面：扩大再生产的积累资金和满足人民生活需要的消费资金. 问题是如何安排积累和消费资金的比例使国民收入得到最快的增长.

用 $x(t)$表示 t 时刻的国民收入，$y(t)$表示用于积累资金的部分，$u(t)=\dfrac{y(t)}{x(t)}$称为积累率. 目的是寻求最优积累率 $u(t)$，使国民收入 $x(t)$增长最快. 国民收入的增长率 $\dot{x}$ 取决于当时的收入总值 $x(t)$和积累率 $u(t)$，即有

$$\dot{x}(t) = f(t, x, u). \tag{1.1.6}$$

根据 $u(t)$的实际含义，$u(t)$应满足

$$0 \leqslant u(t) \leqslant 1.$$

考虑一段时间 T(5 年或 10 年)，使 $x(t)$从初值 x_0 达到尽可能大的 $x(T)$，即

$$x(0) = x_0, \tag{1.1.7}$$

$$\max x(T). \tag{1.1.8}$$

问题归结为在(1.1.6)、(1.1.7)下求 $u(t)$满足(1.1.8). 这等价于它的对偶问题：在固定端点条件 $x(T)=x_1$ 下使 T 最小. 记

$$x(0) = x_0, \quad x(T) = x_1, \tag{1.1.9}$$

$$J(u) = \int_0^T \mathrm{d}t. \tag{1.1.10}$$

国民收入的增长问题的一般提法是在条件(1.1.6)、(1.1.9)下求 $u(t)$ 使性能指标(1.1.10)达到最小.

例 1.1.3 登月艇的软着陆推力控制问题.

登月艇以最小能耗在月球表面进行软着陆的推力控制问题,可以用下列经过简化的问题表示.将登月艇视为一质点,用 $h(t)$ 代表艇距月球表面的距离,以远离月表面的方向为正方向,$v(t)$ 表示艇的速度,$u(t)$ 表示艇上火箭的推力,g 表示月球上的重力加速度,k 为一给定常数,$m(t)$ 为艇的质量,h_0 和 v_0 分别表示艇在初始时刻的高度和速度,M 表示艇在不装燃料时的质量,F 代表燃料的初始质量.登月艇的运动方程为

$$\begin{cases} \dot{h} = v, \\ \dot{v} = -g + \dfrac{u}{m}, \\ \dot{m} = -ku. \end{cases} \tag{1.1.11}$$

初始条件

$$h(t_0) = h_0, \quad v(t_0) = v_0, \quad m(t_0) = M + F. \tag{1.1.12}$$

终端条件

$$h(t_1) = 0, \quad v(t_1) = 0. \tag{1.1.13}$$

这是安全着陆的要求.

作为控制函数的推力 $u(t)$ 满足约束

$$0 \leqslant u(t) \leqslant a, \tag{1.1.14}$$

其中,a 为艇的火箭所能达到的最大推力.

要求燃料最少就是使

$$m(t_0) - m(t_1) = \int_{t_0}^{t_1} -\dot{m}(t)\mathrm{d}t \tag{1.1.15}$$

取最小,其中终止时刻 t_1 是待定的.(1.1.15)等价于泛函

$$J(u) = \int_{t_0}^{t_1} u(t)\mathrm{d}t. \tag{1.1.16}$$

登月艇的软着陆推力控制问题可以表述为:求满足(1.1.11)～(1.1.14)的 $u(t)$ 使得性能指标泛函(1.1.16)取最小值.

例 1.1.4 基金的最优管理问题.

某基金会得到一笔 60 万元的基金,现将这笔款存入银行,年利率为 10%,该基金计划用 80 年,80 年后要求只剩 0.5 万元用作处理该基金会的结束事宜.根据基金会的需要,每年至少支取 5 万元至多支取 10 万元作为某种奖金.我们的问题

是制定该基金的最优管理策略,即每年支取多少元才能使基金会在 80 年中从银行取出的总金额最大.

令 $x(t)$表示第 t 年存入银行的总钱数,$u(t)$表示第 t 年支取的钱数,则

$$\dot{x}(t) = rx(t) - u(t), \quad r = 0.1, \tag{1.1.17}$$

$$x(0) = 60, \tag{1.1.18}$$

$$x(80) = 0.5, \tag{1.1.19}$$

根据基金会的需要,每年至少支取 5 万元至多支取 10 万元,因此

$$5 \leqslant u(t) \leqslant 10, \tag{1.1.20}$$

基金会在 80 年中从银行取出的总金额为

$$J(u) = \int_0^{80} u(t)\mathrm{d}t. \tag{1.1.21}$$

基金的最优管理问题是求满足(1.1.17)~(1.1.20)的 $u(t)$使(1.1.21)中的 $J(u)$取最大值.

例 1.1.5　化学工程问题.

设 $x_1(t),\cdots,x_n(t)$表示反应器中 n 种物质在 t 时刻的数量(浓度),这 n 种物质在反应器中同时发生化学反应.设反应速率由微分方程组

$$\frac{\mathrm{d}x_i}{\mathrm{d}t} = g_i(x_1,\cdots,x_n,\theta(t),p(t)), x_i(0) = x_i^0, \quad i = 1,\cdots,n \tag{1.1.22}$$

来决定,其中,$\theta(t)$,$p(t)$分别表示 t 时刻反应器内的温度和压力,能够在每个时刻控制温度和压力,而温度和压力满足约束条件

$$\theta_1 \leqslant \theta(t) \leqslant \theta_2, \quad p_1 \leqslant p(t) \leqslant p_2, \tag{1.1.23}$$

其中,θ_1,θ_2,p_1,p_2 都是常数,分别表示温度和压力可以达到的最小值和最大值.

假设反应已持续进行了一段时间 T,T 时刻的数量(浓度)为 $x_1(T),\cdots,x_n(T)$.每种物质的价格为 $c_i \in \mathbf{R}, i=1,\cdots,n$.因此,最终产品的价值是

$$J(p,\theta) = \sum_{i=1}^{n} c_i x_i(T). \tag{1.1.24}$$

问题是寻求$[0,T]$区间上的满足(1.1.22)和(1.1.23)的分段连续函数 $\theta(t)$,$p(t)$,使得(1.1.24)中的 $J(p,\theta)$取最大值.

例 1.1.6　生产计划问题.

设有若干台同样的机器,每台机器可以做两种工作,如果用于做第一种工作,每台每年可获利 3 万元,机器的损坏率为 2/3;如果用于做第二种工作,每台每年可获利 2.5 万元,机器的损坏率为 1/3. 现考虑 3 年的生产周期,试确定如何安排生产计划才可获得最大利润.

设第 k 年可用机器的台数为 $x(k)$，第 k 年分配做第一种工作的机器台数为 $u(k)$，显然，第 $k+1$ 年可用机器的台数 $x(k+1)$ 满足状态方程

$$x(k+1) = \frac{1}{3}u(k) + \frac{2}{3}[x(k) - u(k)], \tag{1.1.25}$$

$u(k)$满足约束条件

$$0 \leqslant u(k) \leqslant x(k), \tag{1.1.26}$$

第 k 年获得的利润为

$$R(k) = 3u(k) + 2.5[x(k) - u(k)] = 2.5x(k) + 0.5u(k),$$

3 年一共获得的利润为

$$J(u(k)) = \sum_{k=0}^{2} R(k) = \sum_{k=0}^{2} [2.5x(k) + 0.5u(k)]. \tag{1.1.27}$$

生产计划问题是寻求满足状态方程(1.1.25)和约束条件(1.1.26)的 $u^*(k)(k=0,1,2)$，使(1.1.27)中的目标 $J(u(k))$ 达到最大.

1.2 最优控制问题的数学描述

前面所举的例子虽然来自不同的领域，但是在数学上都有共同的表述. 将这些最优控制问题作如下数学描述.

1.2.1 控制系统的状态方程

控制系统的**状态变量**是指对事件及其运动起决定作用的量. 控制系统的**控制变量**是指对事件及其运动起控制作用的量. 控制系统的**状态方程**是指描述系统及其运动的方程，其中包含控制变量和状态变量.

令 $x=(x_1,\cdots,x_n)^{\mathrm{T}}\in \mathbf{R}^n$ 表示控制系统的**状态变量**，$u=(u_1,\cdots,u_m)^{\mathrm{T}}\in \mathbf{R}^m$ 表示控制系统的**控制变量**，$t\in I$ 通常表示时间，$f=(f_1,\cdots,f_n)^{\mathrm{T}}$ 是 $X\times U\times I$ 上有定义的 n 维向量函数，则控制系统的**状态方程**通常用一阶常微分方程组

$$\dot{x} = f(t, x(t), u(t)) \tag{1.2.1}$$

来描述.

当 f 不显含 t 时，称(1.2.1)为**定常系统**(或称为**时不变系统**). 当 f 关于 x 和 u 为线性时，称(1.2.1)为**线性系统**. 这时方程可以写成

$$\dot{x} = A(t)x + B(t)u, \tag{1.2.2}$$

其中，$A(t)$ 为 n 阶方阵，$B(t)$ 为 n 行 m 列矩阵. 当 A 和 B 与时间 t 无关时，称(1.2.2)为**线性定常系统**或称为**线性自治系统**.

1.2.2 终止状态的目标集

一般来说，控制系统的初始时刻 t_0 和初始状态 $x(t_0)$是给定的. 但对控制系统的终止时刻 t_1 和终端状态 $x(t_1)$来说，却因问题不同而有不同的要求，通常要求达到一个确定的目标集

$$A = \{x(t_1): x(t_1) \in \mathbf{R}^n, h_1(x(t_1), t_1) = 0, h_2(x(t_1), t_1) \leqslant 0\}.$$

1.2.3 容许控制函数集

在实际问题中，控制变量通常是某种物理量，需要满足有界性等条件，满足这些条件的控制函数，称为**容许控制函数**，它们全体构成一个集合，称为**容许控制函数集**，记为

$$\Omega = \{u(t): u \in \mathbf{R}^m \text{ 并满足某些条件}\}.$$

本书通常要求控制函数是分段连续的.

1.2.4 性能指标

性能指标是指人们对某个控制过程及其结果作出评价的衡量尺度或标准. 在数学上用泛函表示，主要有下面 3 种形式：

(1) 终端型性能指标也称迈耶(Mayer)型性能指标

$$J(u) = \Phi(x(t_1), t_1).$$

(2) 积分型性能指标还称拉格朗日(Lagrange)型性能指标

$$J(u) = \int_{t_0}^{t_1} f_0(t, x(t), u(t))\mathrm{d}t.$$

(3) 混合型性能指标也叫博尔查(Bolza)型性能指标

$$J(u) = \Phi(x(t_1), t_1) + \int_{t_0}^{t_1} f_0(t, x(t), u(t))\mathrm{d}t.$$

1.2.5 最优控制问题的数学描述

最优控制问题就是寻求一容许控制 $u(t) \in \Omega$，使系统的状态从给定的初值 x_0 在终止时刻 $t_1(>t_0)$转移到目标集 A，并使性能指标 $J(u)$取最大值(或最小值).

若上述最优控制问题有解 $u^*(t)$，则 $u^*(t)$称为**最优控制函数**，相应的轨线 $x^*(t)$叫做**最优轨线**，而这时的性能指标叫做**最优性能指标**.

1.2.6 离散系统最优控制问题的数学表述

在一些实际问题中，系统的状态变量和控制变量关于时间变量是离散的，这样

的控制系统称为**离散控制系统**.

令 $x(k)=(x_1(k),\cdots,x_n(k))^{\mathrm{T}}\in\mathbf{R}^n,k=k_0,k_0+1,\cdots,k_1$ 表示系统的状态变量,$u(k)=(u_1(k),\cdots,u_m(k))^{\mathrm{T}}\in\mathbf{R}^m,k=k_0,k_0+1,\cdots,k_1-1$ 表示系统的控制变量,则离散控制系统的状态方程为差分方程

$$x(k+1)=\varphi(k,x(k),u(k)),\quad k=k_0,k_0+1,\cdots,k_1-1,$$

其中,$\varphi=(\varphi_1,\cdots,\varphi_n)^{\mathrm{T}}$.

终止状态的目标集为

$$A=\{x(k_1):N_j(k_1,x(k_1))=0,j=1,2,\cdots,l\}.$$

容许控制集为

$$\Omega=\{u(k):u(k)\in\mathbf{R}^m\text{ 并满足某些条件}\}.$$

性能指标为

$$J(u)=\Phi(x(k_1),k_1)+\sum_{k=k_0}^{k_1-1}f_0(k,x(k),u(k)).$$

离散系统的**最优控制问题**就是寻求一容许控制 $u(k)\in\Omega$,使系统的状态从给定的初值 $x(k_0)=x_0$ 在终止时刻 $k_1(>k_0)$转移到目标集 A,并使性能指标 $J(u)$取最大值(或最小值).

若上述最优控制问题有解 $u^*(k)$,则 $u^*(k)$称为**最优控制函数**,相应的轨线 $x^*(k)$叫做**最优轨线**,而这时的性能指标叫做**最优性能指标**.

第2章　变　分　法

变分法(variational calculus)是研究泛函极值的数学方法,早在17世纪末,几何学、力学等领域相继提出了一些泛函极值问题(最速降线问题、最小旋转曲面问题等),导致了变分法的形成和发展.本章介绍变分法及其在最优控制中的应用.

2.1　泛函及其极值

首先给出泛函的定义.

定义 2.1.1　设 Ω 为一函数的集合,若对于每一个函数 $x(t)\in\Omega$,都有一个实数 J 与之对应,则称 J 是定义在 Ω 上的**泛函**,记做 $J(x(t))$. Ω 称为 J 的**容许函数集合**,$x(t)\in\Omega$ 称为**宗量**.

例 2.1.1　对于 xy 平面上过定点 $A(x_1,y_1)$ 和 $B(x_2,y_2)$ 的每一条光滑曲线 $y(x)$,绕 x 轴旋转得一旋转体,旋转体的侧面积是曲线 $y(x)$ 的泛函

$$J(y(x))=\int_{x_1}^{x_2}2\pi y(x)\sqrt{1+\dot{y}^2(x)}\,\mathrm{d}x,$$

容许函数集合可表示为

$$\Omega=\{y(x):y(x)\in C^1[x_1,x_2],y(x_1)=y_1,y(x_2)=y_2\}.$$

第1章中介绍的三个性能指标:

(1) 终端型性能指标也称迈耶型性能指标

$$J(x)=\Phi(x(t_1),t_1).$$

(2) 积分型性能指标还称拉格朗日型性能指标

$$J(x)=\int_{t_0}^{t_1}f_0(t,x(t),\dot{x}(t))\mathrm{d}t.$$

(3) 混合型性能指标也叫博尔查型性能指标

$$J(x)=\Phi(x(t_1),t_1)+\int_{t_0}^{t_1}f_0(t,x(t),\dot{x}(t))\mathrm{d}t.$$

它们都是泛函,并且它们之间可以相互转化.

引进新的函数 $x_0(t)$,它是如下微分方程初值问题的解:

$$\begin{cases}\dot{x}_0(t)=f_0(t,x(t),\dot{x}(t)),\\ x_0(t_0)=0,\end{cases}$$

则拉格朗日型性能指标就化为

$$\Phi(x(t_1),t_1)\equiv x_0(t_1)=\int_{t_0}^{t_1}f_0(t,x(t),\dot{x}(t))\mathrm{d}t,$$

变成迈耶型性能指标.

引进函数

$$f_0(t,x(t),\dot{x}(t))\equiv\frac{\mathrm{d}}{\mathrm{d}t}\Phi(x(t),t)=\Phi_x(x(t),t)\dot{x}(t)+\Phi_t(x(t),t),$$

有

$$\Phi(x(t_1),t_1)=\Phi(x(t_0),t_0)+\int_{t_0}^{t_1}f_0(t,x(t),\dot{x}(t))\mathrm{d}t,$$

其中 $\Phi(x(t_0),t_0)$是已知常数,可以去掉,这样就将迈耶型性能指标转化为拉格朗日型性能指标.于是,这三种性能指标的任何一种都具有代表性.

为了讨论泛函的连续性,需要定义宗量之间的距离.

定义 2.1.2 设 $x(t),y(t)\in\Omega$,定义它们之间的距离为

$$d_k(x,y)=\max\{\sup|x(t)-y(t)|,\cdots,\sup|x^{(k)}(t)-y^{(k)}(t)|\},\quad k=0,1,2,\cdots,$$

其中,

$$x(t)=(x_1(t),\cdots,x_n(t))^{\mathrm{T}},\quad y(t)=(y_1(t),\cdots,y_n(t))^{\mathrm{T}},$$

$$|x(t)-y(t)|=\left(\sum_{i=1}^{n}|x_i(t)-y_i(t)|^2\right)^{\frac{1}{2}},$$

$$\cdots\cdots$$

$$|x^{(k)}(t)-y^{(k)}(t)|=\left(\sum_{i=1}^{n}|x_i^{(k)}(t)-y_i^{(k)}(t)|^2\right)^{\frac{1}{2}}.$$

根据上述距离的定义,$d_k<\varepsilon$ 是两个函数之间接近程度的一种描述,$d_0<\varepsilon$ 只要求两个函数坐标之间接近到某种程度,$d_1<\varepsilon$ 不仅要求两个函数的坐标接近而且还要求两个函数的一阶导数之间也要接近.所以后一个比前一个对两个函数的接近程度要求高.$d_k<\varepsilon$ 表示两个函数具有 k 阶接近度.

宗量 $x_0(t)\in\Omega$ 的 δ 邻域用 $N_i(x_0(t),\delta)$表示,即

$$N_i(x_0(t),\delta)=\{x(t):d_i(x(t),x_0(t))<\delta\}.$$

定义 2.1.3 设 J 是定义在 Ω 上的泛函,如果对于任给的 $\varepsilon>0$,都可以找到 $\delta>0$,使得当 $d_k(x(t),x_0(t))<\delta,x(t)\in\Omega$ 时,就有

$$|J(x(t))-J(x_0(t))|<\varepsilon,$$

则称泛函 J 在 $x_0(x)$处是 k 阶接近的连续泛函.

定义 2.1.4 设 $L(x(t))$是定义在 Ω 上的泛函,如果对任何常数 α,β 都有

$$L(\alpha x(t)+\beta y(t))=\alpha L(x(t))+\beta L(y(t)),\quad\forall x(t),y(t)\in\Omega,$$

则称 $L(x(t))$ 是 Ω 上的**线性泛函**.

宗量的改变会引起泛函的变化，把两个宗量之差记为 $\delta x = x_1(t) - x(t)$，则泛函的增量为

$$\Delta J = J(x_1(t)) - J(x(t)) = J(x + \delta x) - J(x).$$

如同函数的微分是增量的线性主部一样，泛函的变分是泛函的增量的线性主部，即有

定义 2.1.5 设 J 是定义在 Ω 上的泛函，如果存在关于 δx 的线性泛函 $L(x, \delta x)$，使得

$$\Delta J = L(x, \delta x) + r(x, \delta x) \cdot \max|\delta x|,$$

其中，$r(x, \delta x)$ 是 $\max|\delta x|$ 的高阶无穷小量，即当 $\max|\delta x| \to 0$ 时，有

$$r(x, \delta x) \to 0,$$

称 $L(x, \delta x)$ 为泛函 $J(x)$ 的**变分**(variation)，记做 $\delta J = L(x, \delta x)$.

泛函的变分是函数的微分概念的推广.

泛函的变分的一个重要形式是它可以表为对参数 α 的导数，即有

$$\delta J(x(t)) = \frac{\partial}{\partial \alpha} J(x(t) + \alpha \delta x(t))\Big|_{\alpha=0},$$

这是因为如果变分存在，则增量

$$\Delta J = L(x, \alpha \delta x) + r(x, \alpha \delta x) \cdot \max|\alpha \delta x|,$$

根据 L 和 r 的性质有

$$L(x(t), \alpha \delta x) = \alpha L(x(t), \delta x),$$

$$\lim_{\alpha \to 0} \frac{r(x, \alpha \delta x) \cdot \max|\alpha \delta x|}{\alpha} = \lim_{\alpha \to 0} \frac{\max|\alpha \delta x|}{\alpha \delta x} r(x, \alpha \delta x) \delta x = 0,$$

所以

$$\begin{aligned}\frac{\partial}{\partial \alpha} J(x(t) + \alpha \delta x(t))\Big|_{\alpha=0} &= \lim_{\alpha \to 0} \frac{J(x + \alpha \delta x) - J(x)}{\alpha} \\ &= \lim_{\alpha \to 0} \frac{L(x, \alpha \delta x) + r(x, \alpha \delta x) \cdot \max|\alpha \delta x|}{\alpha} \\ &= \delta J(x).\end{aligned}$$

定义 2.1.6 设 $J(x(t))$ 是定义在 Ω 上的泛函，$x_0(t) \in \Omega$，若对任意一个 $x(t) \in \Omega$ 都有

$$J(x(t)) \geqslant J(x_0(t)),$$

则称 $J(x_0(t))$ 为 $J(x(t))$ 的**绝对极小值**(最小值)，或者说 $J(x(t))$ 在 $x_0(t) \in \Omega$ 取

得**绝对极小值**，$x_0(t)\in\Omega$ 称为 $J(x(t))$ 的**极值曲线**.

若存在正数 δ，使得对任意一个 $x(t)\in\Omega\cap N_0(x_0,\delta)$ 都有

$$J(x(t))\geqslant J(x_0(t)),$$

则称 $J(x_0(t))$ 为 $J(x(t))$ 的**强相对极小值**，或者说 $J(x(t))$ 在 $x_0(t)\in\Omega$ 取得**强相对极小值**，$x_0(t)\in\Omega$ 称为 $J(x(t))$ 的**强相对极小值曲线**.

若存在正数 δ，使得对任意一个 $x(t)\in\Omega\cap N_1(x_0,\delta)$ 都有

$$J(x(t))\geqslant J(x_0(t)),$$

则称 $J(x_0(t))$ 为 $J(x(t))$ 的**弱相对极小值**，或者说 $J(x(t))$ 在 $x_0(t)\in\Omega$ 取得**弱相对极小值**，$x_0(t)\in\Omega$ 称为 $J(x(t))$ 的**弱相对极小值曲线**.

可以类似定义绝对极大值、强相对极大值和弱相对极大值.

定义 2.1.7 设 $J(x(t))$ 是定义在 Ω 上的泛函，$x_0(t)\in\Omega$，若对任意一个 $x(t)\in\Omega$ 都有

$$J(x(t))\leqslant J(x_0(t)),$$

则称 $J(x_0(t))$ 为 $J(x(t))$ 的**绝对极大值**(最大值).

若存在正数 δ，使得对任意一个 $x(t)\in\Omega\cap N_0(x_0,\delta)$ 都有

$$J(x(t))\leqslant J(x_0(t)),$$

则称 $J(x_0(t))$ 为 $J(x(t))$ 的**强相对极大值**.

若存在正数 δ，使得对任意一个 $x(t)\in\Omega\cap N_1(x_0,\delta)$ 都有

$$J(x(t))\leqslant J(x_0(t)),$$

则称 $J(x_0(t))$ 为 $J(x(t))$ 的**弱相对极大值**.

由于具有一阶接近度的两个函数必然具有零阶接近度，而反之不一定成立，所以泛函 $J(x_0(t))$ 为 $J(x(t))$ 的强相对极值，则它必为弱相对极值. 反之不一定成立. 由此可知，对于泛函的弱的相对极值的必要条件，必为其强的相对极值的必要条件. 反过来，泛函的强的相对极值的必要条件，不一定为其弱的相对极值的必要条件. 所以，今后在讨论泛函极值必要条件时，总是设 ε 邻域为一级的.

例 2.1.2 设泛函

$$J(y(x))=\int_0^{\pi}y^2(1-\dot{y}^2)\mathrm{d}x,\quad y(0)=y(\pi)=0.$$

试证明函数 $y\equiv0(0\leqslant x\leqslant\pi)$ 是泛函 $J(y(x))$ 的弱相对极小值曲线，但不是泛函 $J(y(x))$ 的强相对极小值曲线.

证明 显然 $J(0)=0$. 设 ε 为任意一个小于 1 的正数，N_1 为 $y\equiv0(0\leqslant x\leqslant\pi)$ 的一级 ε 邻域，$y(x)$ 为 N_1 中不同于 $y\equiv0(0\leqslant x\leqslant\pi)$ 的曲线，则 $y\neq0(0\leqslant x\leqslant\pi)$ 时，$y^2(1-\dot{y}^2)>0$，从而

$$J(y(x))=\int_0^{\pi} y^2(1-\dot{y}^2)\mathrm{d}x>0,$$

且只有 $y\equiv 0(0\leqslant x\leqslant \pi)$时，才有 $J(y(x))=0$. 这表明泛函 $J(y(x))$在 $y\equiv 0(0\leqslant x\leqslant \pi)$处达到弱相对极小值.

设 N_0 为 $y\equiv 0(0\leqslant x\leqslant \pi)$的零级 ε 邻域，显然，对于任意给定 $\varepsilon>0$，只要 n 充分大，就有

$$y=\frac{\sin nx}{\sqrt{n}}\in N_0,$$

但是，当 n 充分大时($n>4$)，有

$$J(y(x))=\frac{1}{n}\int_0^{\pi}\sin^2 nx(1-n\cos^2 nx)\mathrm{d}x=\frac{\pi}{2n}-\frac{\pi}{8}<0.$$

这表明泛函 $J(y(x))$在 $y\equiv 0(0\leqslant x\leqslant \pi)$处没有达到强相对极小值.

易知，泛函极值与泛函变分有如下关系：若 $J(x(t))$在 $x_0(t)\in\Omega$ 取得极小值，则

$$\delta J(x_0(t))=0,$$

即泛函取极值的曲线上，它的变分等于零.

2.2 泛函极值的必要条件——欧拉方程

本节讨论两端固定的数值函数 $x(t)$的拉格朗日泛函取得极值的必要条件. 泛函和端点条件表示为

$$\begin{cases}J(x(t))=\displaystyle\int_{t_0}^{t_1}F(t,x,\dot{x})\mathrm{d}t,\\ x(t_0)=x_0,\quad x(t_1)=x_1,\end{cases}\tag{2.2.1}$$

其中，容许函数集合为

$$\Omega=\{x(t):x(t)\in C^2[t_0,t_1],x(t_0)=x_0,x(t_1)=x_1\},$$

函数 $F(t,x,\dot{x})$具有连续二阶偏导数.

为推导泛函取得极值的必要条件——欧拉(Euler)方程，首先给出一个引理.

引理 2.2.1 设函数 $F(t)$在区间$[t_0,t_1]$上连续，若对于任意满足 $\eta(t_0)=\eta(t_1)=0$ 的充分光滑函数 $\eta(t)$都有

$$\int_{t_0}^{t_1}F(t)\eta(t)\mathrm{d}t=0,$$

则在$[t_0,t_1]$上 $F(t)\equiv 0$.

证明 采用反证法.若不然,存在 $\xi \in (t_0, t_1)$,使得 $F(\xi) \neq 0$,不妨设 $F(\xi) > 0$,则存在 ξ 的邻域 $(\xi_1, \xi_2) \subset (t_0, t_1)$,使得在其上 $F(t) > 0$,选取 $\eta(t)$ 如下:

$$\eta(t) = \begin{cases} 0, & t \in [t_0, \xi_1), \\ [(t-\xi_1)(t-\xi_2)]^2, & t \in [\xi_1, \xi_2], \\ 0, & t \in (\xi_2, t_1]. \end{cases}$$

显然,$\eta(t)$ 满足引理的条件,而

$$\int_{t_0}^{t_1} F(t)\eta(t)\mathrm{d}t = \int_{\xi_1}^{\xi_2} F(t)\eta(t)\mathrm{d}t > 0,$$

矛盾.

定理 2.2.1 设函数 $F(t, x, \dot{x})$ 具有连续二阶偏导数,泛函(2.2.1)在 $x(t) \in \Omega$ 达到极值,则 $x(t)$ 满足欧拉方程

$$F_x - \frac{\mathrm{d}}{\mathrm{d}t}F_{\dot{x}} = 0. \tag{2.2.2}$$

证明 记 $\varphi(t) = \delta x(t)$,满足 $\phi(t_0) = \phi(t_1) = 0$,按照泛函极值与变分的关系有

$$\delta J(x(t)) = \frac{\partial}{\partial \alpha} J(x(t) + \alpha\phi(t))\big|_{\alpha=0} = 0, \tag{2.2.3}$$

对于式(2.2.1)表示的 $J(x(t) + \alpha\phi(t))$ 计算偏导数

$$\begin{aligned} \frac{\partial}{\partial \alpha} J(x + \alpha\phi)\big|_{\alpha=0} &= \int_{t_0}^{t_1} \frac{\partial}{\partial \alpha} F(t, x + \alpha\phi, \dot{x} + \alpha\dot{\phi})\big|_{\alpha=0}\mathrm{d}t \\ &= \int_{t_0}^{t_1} [F_x(t, x, \dot{x})\phi + F_{\dot{x}}(t, x, \dot{x})\dot{\phi}]\mathrm{d}t, \end{aligned} \tag{2.2.4}$$

对式(2.2.4)右端第二项作分部积分并利用 $\phi(t_0) = \phi(t_1) = 0$ 得

$$\int_{t_0}^{t_1} F_{\dot{x}}\dot{\phi}\mathrm{d}t = F_{\dot{x}}\phi\Big|_{t_0}^{t_1} - \int_{t_0}^{t_1} \phi\frac{\mathrm{d}}{\mathrm{d}t}F_{\dot{x}}\mathrm{d}t = -\int_{t_0}^{t_1} \phi\frac{\mathrm{d}}{\mathrm{d}t}F_{\dot{x}}\mathrm{d}t,$$

代入式(2.2.4)并根据(2.2.3)有

$$\int_{t_0}^{t_1} \left(F_x - \frac{\mathrm{d}}{\mathrm{d}t}F_{\dot{x}}\right)\phi\mathrm{d}t = 0.$$

因为 ϕ 是任意的,由引理 2.2.1 得到

$$F_x - \frac{\mathrm{d}}{\mathrm{d}t}F_{\dot{x}} = 0.$$

(2.2.2)又可记做

$$F_x - F_{t\dot{x}} - F_{x\dot{x}}\dot{x} - F_{\dot{x}\dot{x}}\ddot{x} = 0, \tag{2.2.5}$$

通常,这是 $x(t)$ 的二阶微分方程,其通解的两个任意常数由(2.2.1)中的两个端点

条件确定.欧拉方程的积分曲线 $x=\phi(t,c_1,c_2)$ 叫做**极值曲线**.但是,求出极值曲线后还不能断定它就是使泛函达到极值的曲线,要想知道它是否使泛函取极值,还必须验证取极值的充分条件,这个问题将在 2.8 节讨论.

方程(2.2.2)称为欧拉方程,是欧拉在 1736 年用折线逼近曲线得到的,他用这一方程解决了大量的泛函极值问题.不过这里采用的是拉格朗日于 1755 年给出的至今仍然普遍采用的变分方法.

例 2.2.1　求泛函

$$\begin{cases} J(x(t)) = \int_0^{\pi} (\dot{x}^2 + ax\sin t)\mathrm{d}t, \\ x(0) = 0, \quad x(\pi) = \pi \end{cases}$$

的极值曲线,其中,a 为常数.

解　$F(t,x,\dot{x})=\dot{x}^2+ax\sin t$,欧拉方程为

$$2\ddot{x} = a\sin t,$$

通解为

$$x = c_1 t + c_2 - \frac{a}{2}\sin t,$$

代入边界条件得到

$$c_1 = 1, \quad c_2 = 0,$$

于是,泛函的极值曲线为

$$x(t) = t - \frac{a}{2}\sin t.$$

例 2.2.1 中的欧拉方程比较简单,可以求出它的通解,但在大多数情况下,很难求出通解的具体表达式.下面讨论欧拉方程的几种特殊情形:

(1) 函数 F 不依赖 $\dot{x}$,即 $F=F(t,x)$.在这种情况下,欧拉方程为 $F_x=0$,这是一个函数方程,其解不含任意常数.因此,一般说来,这个函数方程的解不满足边界条件,它不是所讨论泛函的极值曲线.

(2) 函数 F 线性地依赖 $\dot{x}$,即 $F(t,x,\dot{x})=P(t,x)+Q(t,x)\dot{x}$.在这种情况下,欧拉方程为

$$P_x + Q_x\dot{x} - Q_t - Q_x\dot{x} = 0,$$

即

$$P_x - Q_t = 0.$$

这是一个函数方程,其解不含任意常数.因此,一般说来,这个函数方程的解不满足边界条件,它不是所讨论泛函的极值曲线.

(3) 函数 F 不显含自变数 t，即 $F=F(x,\dot{x})$. 在这种情况下，欧拉方程为

$$F_x - F_{x\dot{x}}\dot{x} - F_{\dot{x}\dot{x}}\ddot{x} = 0,$$

将这个方程逐项乘以 $\dot{x}$，则化为

$$\frac{\mathrm{d}}{\mathrm{d}t}(F - F_{\dot{x}}\dot{x}) = 0,$$

积分后变成了一阶常微分方程

$$F - F_{\dot{x}}\dot{x} = c_1.$$

(4) 函数 F 不显含未知函数 x，即 $F=F(t,\dot{x})$. 在这种情况下，欧拉方程为

$$\frac{\mathrm{d}}{\mathrm{d}t}F_{\dot{x}} = 0,$$

则经过积分后化为一阶微分方程

$$F_{\dot{x}} = c.$$

例 2.2.2 最速降线问题. 这是变分法第一个著名的例子. 1696 年，伯努利(Bernoulli)在一封公开信中提出如下问题：在垂直平面内给定两个不在同一铅垂线上的两点 O 和 P，求一条连接这两点的光滑曲线，使得在没有摩擦力和阻力的情况下，质点仅在重力作用下沿该曲线从 O 降至 P 历时最短.

这个问题由伯努利兄弟、牛顿、洛必达(L'Hospital)等解决. 下面求解该问题.

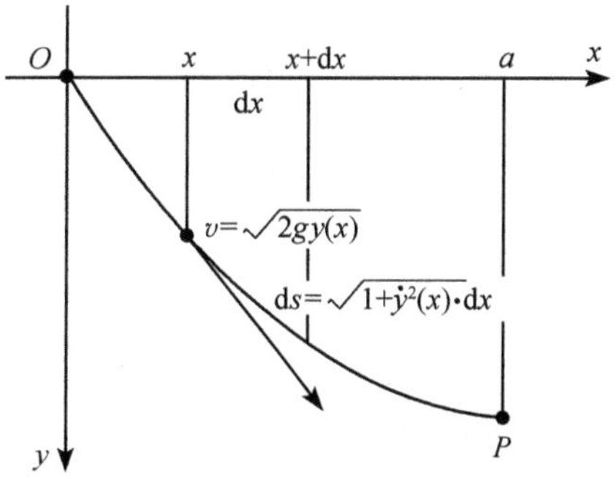

图 2.2.1 最速降线问题

解 如图 2.2.1，取 O 为坐标原点，水平直线为 x 轴，铅垂线为 y 轴，设 $y=y(x)$ 为所求曲线，m 为质点的质量，g 是重力加速度. 由于没有摩擦力和阻力，所以动能的增加等于势能的减少，即

$$\frac{1}{2}mv^2 = mgy,$$

于是，质点在曲线上点 (x,y) 的速度为

$$v = \frac{\mathrm{d}s}{\mathrm{d}t} = \sqrt{2gy},$$

于是，质点沿曲线 $y=y(x)$ 从 O 降至 P 历时为

$$J(y(x)) = \int_0^{t_a}\mathrm{d}t = \int_0^a \frac{\mathrm{d}s}{\sqrt{2gy}} = \frac{1}{2g}\int_0^a \sqrt{\frac{1+\dot{y}^2}{y}}\mathrm{d}x,$$

显然，$J: y \mapsto J(y)$ 是 $D=\{y(x): y(x)\in C^1[0,a], y(0)=0, y(a)=b\}$ 上的泛函，问

题变为求泛函 $J(y(x))$ 的极小值曲线. 由于

$$F=\sqrt{\frac{1+\dot{y}^2}{y}}$$

不依赖自变量 x，所以欧拉方程有首次积分，即

$$\sqrt{\frac{1+\dot{y}^2}{y}}-\frac{\dot{y}^2}{\sqrt{y(1+\dot{y}^2)}}=c_1,$$

整理得

$$y(1+\dot{y}^2)=c.$$

引进参数 τ，使 $\dot{y}=\cot\tau$，于是

$$y=c\sin^2\tau=\frac{c}{2}(1-\cos2\tau),$$

注意到

$$\begin{aligned}&\mathrm{d}x=\frac{\mathrm{d}y}{\dot{y}}=\frac{2c\sin\tau\cos\tau}{\cot\tau}\mathrm{d}\tau=c(1-\cos2\tau)\mathrm{d}\tau,\\&x(0)=0,\end{aligned}$$

积分得

$$x=\int_0^{\tau}c(1-\cos2\tau)\mathrm{d}\tau=\frac{c}{2}(2\tau-\sin2\tau),$$

令 $t=2\tau$ 就得曲线的参数方程

$$\begin{cases}x=\dfrac{1}{2}c(t-\sin t),\\ y=\dfrac{1}{2}c(1-\cos t),\end{cases}$$

其中，常数 c 可由条件 $y(a)=b$ 确定. 于是，最速下降曲线是圆滚线.

例 2.2.3 表面积最小的旋转曲面问题. 在连接平面上的两个给定点的所有光滑曲线中求一条曲线，使它绕 Ox 轴旋转所得的旋转曲面面积最小.

解 由例 2.1.1 知，问题为求泛函

$$J(y(x))=\int_{x_1}^{x_2}2\pi y(x)\sqrt{1+\dot{y}^2(x)}\mathrm{d}x$$

极小值曲线，其中，容许函数集合为

$$\Omega=\{y(x):y(x)\in C^1[x_1,x_2],y(x_1)=y_1,y(x_2)=y_2\}.$$

由于 $F=y\sqrt{1+\dot{y}^2}$ 不依赖于自变量 x，故欧拉方程有首次积分

$$y\sqrt{1+\dot{y}^2}-\frac{y\dot{y}^2}{\sqrt{1+\dot{y}^2}}=c_1,$$

整理得

$$\frac{y}{\sqrt{1+\dot{y}^2}}=c_1.$$

引进新变量 t,使得 $\dot{y}=\text{sh}t$,则由上式得 $y=c_1\text{ch}t$,从而

$$\mathrm{d}x=\frac{\mathrm{d}y}{\dot{y}}=\frac{c_1\text{sh}t}{\text{sh}t}\mathrm{d}t=c_1\mathrm{d}t,$$

积分得

$$x=c_1t+c_2,$$

所求曲线的参数方程为

$$\begin{cases}x=c_1t+c_2,\\ y=c_1\text{ch}t,\end{cases}$$

消去参数 t,得悬链线方程

$$y=c_1\text{ch}\frac{x-c_2}{c_1},$$

其中,常数 c_1,c_2 由边界条件确定.

2.3 含有多个宗量泛函的极值问题

本节考虑含有多个宗量的泛函

$$J(x_1(t),\cdots,x_n(t))=\int_{t_0}^{t_1}F(t,x_1,\cdots,x_n,\dot{x}_1,\cdots,\dot{x}_n)\mathrm{d}t. \tag{2.3.1}$$

研究其在两个端点

$$x(t_0)=(x_1(t_0),\cdots,x_n(t_0))^{\mathrm{T}},\quad x(t_1)=(x_1(t_1),\cdots,x_n(t_1))^{\mathrm{T}} \tag{2.3.2}$$

固定的条件下取极值的必要条件,其中,函数 $F(t,x_1,\cdots,x_n,\dot{x}_1,\cdots,\dot{x}_n)$关于所有变量具有二阶连续偏导数,容许函数集合为

$$\Omega=\{x=(x_1,\cdots,x_n)^{\mathrm{T}}:x_i(t)\in C^2[t_0,t_1],x_i(t_0)=x_i^0,x_i(t_1)=x_i^1,i=1,\cdots,n\}.$$

设 $x^*(t)$是使(2.3.1)取极值的向量函数,则 $x_i^*(t)$是泛函

$$\tilde{J}(x(t))=\int_{t_0}^{t_1}F(t,x_1^*,\cdots,x_{i-1}^*,x,x_{i+1}^*,\cdots,x_n^*,\dot{x}_1^*,\cdots,\dot{x}_{i-1}^*,\dot{x},\dot{x}_{i+1}^*,\cdots,\dot{x}_n^*)\mathrm{d}t$$

的极值曲线,由定理2.2.1知 $x_i^*(t)$满足欧拉方程

$$F_{x_i} - \frac{\mathrm{d}}{\mathrm{d}t}F_{\dot{x}_i} = 0,$$

于是,有

定理 2.3.1 设函数 $F(t,x_1,\cdots,x_n,\dot{x}_1,\cdots,\dot{x}_n)$关于所有变量具有二阶连续偏导数,如果泛函(2.3.1)在 $x(t)=(x_1(t),\cdots,x_n(t))\in\Omega$ 处取极值,则函数 $x_1(t),\cdots,x_n(t)$满足欧拉方程组

$$F_{x_i} - \frac{\mathrm{d}}{\mathrm{d}t}F_{\dot{x}_i} = 0,\quad i=1,\cdots,n.$$

证明 任取一组函数 $\delta x_i(t)\in C^2[t_0,t_1]$,$i=1,\cdots,n$,且 $\delta x_i(t_0)=\delta x_i(t_1)=0$.

考虑 $\alpha_1,\cdots,\alpha_n$ 的函数

$$\Phi(\alpha_1,\cdots,\alpha_n) = J(x_1+\alpha_1\delta x_1,\cdots,x_n+\alpha_n\delta x_n). \tag{2.3.3}$$

由于泛函(2.3.1)在 $x(t)=(x_1(t),\cdots,x_n(t))\in\Omega$ 处取极值,故 n 元函数(2.3.3)在$(0,\cdots,0)$处取极值,从而有

$$\frac{\partial\Phi}{\partial\alpha_i}(0,\cdots,0)=0,\quad i=1,2,\cdots,n,$$

由此可知 $\delta J=0$,即

$$\int_{t_0}^{t_1}\sum_{i=1}^{n}\left[\frac{\partial F}{\partial x_i}-\frac{\mathrm{d}}{\mathrm{d}t}\left(\frac{\partial F}{\partial\dot{x}_i}\right)\right]\delta x_i\,\mathrm{d}t=0.$$

由 $\delta x_i(t)\in C^2[t_0,t_1]$,$i=1,\cdots,n$ 的任意性知(2.3.3)成立.

例 2.3.1 试求泛函

$$J(x(t),y(t))=\int_0^{\frac{\pi}{2}}(\dot{x}^2+\dot{y}^2+2xy)\mathrm{d}t,$$

$$x(0)=y(0)=0,\quad x\left(\frac{\pi}{2}\right)=1,\quad y\left(\frac{\pi}{2}\right)=-1$$

的极值曲线.

解 $F=\dot{x}^2+\dot{y}^2+2xy$,则欧拉方程组为

$$\begin{cases}\ddot{x}-y=0,\\ \ddot{y}-x=0,\end{cases}$$

消去 y 得

$$x^{(4)}-x=0,$$

其通解为

$$x(t)=c_1\mathrm{e}^t+c_2\mathrm{e}^{-t}+c_3\cos t+c_4\sin t,$$

将它代入第二个方程得

$$y(t) = c_1 e^t + c_2 e^{-t} - c_3 \cos t - c_4 \sin t,$$

由边界条件可确定 $c_1 = c_2 = c_3 = 0, c_4 = 1$,故所求的极值曲线为

$$\begin{cases} x = \sin t, \\ y = -\sin t. \end{cases}$$

2.4 泛函的条件极值

我们知道,最优控制问题实质上就是在状态方程的约束下求性能指标泛函的极值问题.许多实际问题也都可以化为含有约束条件的泛函极值问题.

例 2.4.1 短程线问题.在已知的光滑曲面

$$\phi(x, y, z) = 0 \tag{2.4.1}$$

上,求给定两点 $P_1(x_1, y_1, z_1)$ 和 $P_2(x_2, y_2, z_2)$ 之间长度最短的曲线.

设

$$\begin{cases} y = y(x), \\ z = z(x), \end{cases} \quad x_1 \leqslant x \leqslant x_2$$

是曲面上连接点 $P_1(x_1, y_1, z_1)$ 和 $P_2(x_2, y_2, z_2)$ 的任意一条光滑曲线,其长度为

$$J(y(x), z(x)) = \int_{x_1}^{x_2} \sqrt{1 + \dot{y}^2 + \dot{z}^2}\, dx, \tag{2.4.2}$$

于是,短程线问题化为在约束(2.4.1)下求泛函(2.4.2)的极小值问题.

例 2.4.2 等周问题.在平面上的所有长为 l 的光滑封闭曲线中,求所围面积最大的曲线.

用参数方程

$$\begin{cases} x = x(t), \\ y = y(t), \end{cases} \quad t_1 \leqslant t \leqslant t_2$$

表示任一长为 l 的光滑封闭曲线,则

$$\int_{t_1}^{t_2} \sqrt{\dot{x}^2(t) + \dot{y}^2(t)}\, dt = l. \tag{2.4.3}$$

曲线所围的面积为

$$J(x(t), y(t)) = \frac{1}{2}\int_{t_1}^{t_2} [x(t)\dot{y}(t) - y(t)\dot{x}(t)]\, dt, \tag{2.4.4}$$

于是,等周问题化为在约束条件(2.4.3)下求泛函(2.4.4)的极大值问题.

本节研究泛函的条件极值问题,即研究泛函

$$J(x_1(t),\cdots,x_n(t))=\int_{t_0}^{t_1}F(t,x_1,\cdots,x_n,\dot{x}_1,\cdots,\dot{x}_n)\mathrm{d}t \tag{2.4.5}$$

在约束条件

$$G(t,x_1,\cdots,x_n,\dot{x}_1,\cdots,\dot{x}_n)=0 \tag{2.4.6}$$

之下取极值问题，其中，G 是 $m(m<n)$ 维向量函数，即

$$\begin{aligned}&G(t,x_1,\cdots,x_n,\dot{x}_1,\cdots,\dot{x}_n)\\&=(g_1(t,x_1,\cdots,x_n,\dot{x}_1,\cdots,\dot{x}_n),\cdots,g_m(t,x_1,\cdots,x_n,\dot{x}_1,\cdots,\dot{x}_n))^{\mathrm{T}}.\end{aligned}$$

这类问题的解法是关于多元函数条件极值的拉格朗日乘子法的直接推广，引入待定的向量函数

$$\lambda(t)=(\lambda_1(t),\cdots,\lambda_m(t))^{\mathrm{T}},$$

作辅助函数

$$\begin{aligned}\widetilde{F}(t,x,\dot{x},\lambda)&=F(t,x,\dot{x})+\lambda^{\mathrm{T}}(t)G(t,x,\dot{x})\\&=F(t,x,\dot{x})+\sum_{i=1}^{m}\lambda_i(t)g_i(t,x,\dot{x}),\end{aligned} \tag{2.4.7}$$

由(2.4.7)定义一个新的泛函

$$\widetilde{J}(x,\lambda)=\int_{t_0}^{t_1}\widetilde{F}(t,x,\dot{x},\lambda)\mathrm{d}t=\int_{t_0}^{t_1}[F(t,x,\dot{x})+\lambda^{\mathrm{T}}(t)G(t,x,\dot{x})]\mathrm{d}t, \tag{2.4.8}$$

于是，将原来的泛函条件极值问题转化为求泛函 $\widetilde{J}(t,x,\dot{x},\lambda)$ 的极值问题，根据定理 2.3.1，有

定理 2.4.1　设函数 $F(t,x,\dot{x}),g_1(t,x,\dot{x}),\cdots,g_m(t,x,\dot{x})$ 具有二阶连续偏导数，并且约束(2.4.6)是独立的，即有

$$\det\left(\frac{D(g_1,\cdots,g_n)}{D(\dot{x}_1,\cdots,\dot{x}_m)}\right)\neq 0. \tag{2.4.9}$$

如果条件泛函极值问题(2.4.5)和(2.4.6)在 $x(t)=(x_1(t),\cdots,x_n(t))^{\mathrm{T}}\in\Omega$ 达到极值，则必存在函数 $\lambda(t)=(\lambda_1(t),\cdots,\lambda_m(t))^{\mathrm{T}}$ 使得 $x(t)=(x_1(t),\cdots,x_n(t))^{\mathrm{T}}$ 满足欧拉方程组

$$\widetilde{F}_{x_i}-\frac{\mathrm{d}}{\mathrm{d}t}\widetilde{F}_{\dot{x}_i}=0,\quad i=1,2,\cdots,n, \tag{2.4.10}$$

其中，

$$\Omega=\{x(t):x_i(t)\in C^2[t_0,t_1],x(t_0)=x_0,x(t_1)=x_1,G(t,x,\dot{x})=0\}.$$

由欧拉方程(2.4.10)和约束条件(2.4.6)，可解出泛函条件极值问题的极值曲线 $x(t)$ 和拉格朗日乘子函数 $\lambda(t)$（称为辅助函数或伴随函数）.

例 2.4.3　求泛函

$$J(u)=\int_0^2(1+u^2)\mathrm{d}t,$$

在约束条件

$$\dot{x}=-x+u$$

及边界条件

$$x(0)=3,\quad x(2)=0$$

之下达到极小值的函数 $u(t)$和极小值曲线.

解 引入拉格朗日乘子 $\lambda(t)$,构造新的泛函

$$\tilde{J}(\lambda,x,u)=\int_0^2[(1+u^2)+\lambda(\dot{x}+x-u)]\mathrm{d}t,$$

它的欧拉方程为

对 u:

$$2u-\lambda=0. \tag{2.4.11}$$

对 λ:

$$\lambda-\dot{\lambda}=0. \tag{2.4.12}$$

对 x:

$$\dot{x}+x-u=0. \tag{2.4.13}$$

由(2.4.12)解得

$$\lambda=c_1\mathrm{e}^t.$$

由(2.4.11)得

$$u=\frac{c_1}{2}\mathrm{e}^t.$$

将上式代入(2.4.13)有

$$\dot{x}+x=\frac{c_1}{2}\mathrm{e}^t,$$

求解上述常微分方程得

$$x(t)=\mathrm{e}^{-t}\left(c_2+\frac{c_1}{4}\mathrm{e}^{2t}\right),$$

将边界条件代入上式,有

$$\begin{cases}c_2+\dfrac{c_1}{4}=3,\\ c_2\mathrm{e}^{-2}+\dfrac{c_1}{4}\mathrm{e}^2=0,\end{cases}$$

求解得

$$c_1 = \frac{-12e^{-2}}{e^2 - e^{-2}}, \quad c_2 = \frac{3e^2}{e^2 - e^{-2}},$$

于是,所求的函数和极小值曲线分别为

$$u(t) = -\frac{3e^{t-2}}{\mathrm{sh}2}, \quad x(t) = \frac{3\mathrm{sh}(2-t)}{\mathrm{sh}2}.$$

等周问题(isoperimetric problem)是泛函的条件极值问题之一,其一般的提法为,在满足等周条件

$$\int_{x_1}^{x_2} G(x, y, \dot{y})\mathrm{d}x = a \tag{2.4.14}$$

和边界条件

$$y(x_i) = y_i, \quad i = 1, 2 \tag{2.4.15}$$

的一切曲线 y 中,确定一条使泛函

$$J(y) = \int_{x_1}^{x_2} F(x, y, \dot{y})\mathrm{d}x \tag{2.4.16}$$

达到极值的曲线.

作辅助函数

$$H = F + \lambda G,$$

其中,λ 是一个待定常数.上述泛函条件极值问题可以归结为求泛函

$$J(y) = \int_{x_1}^{x_2} H(x, y, \dot{y})\mathrm{d}x$$

的无条件极值问题.于是,等周问题的欧拉方程为

$$F_y + \lambda G_y - \frac{\mathrm{d}}{\mathrm{d}t}(F_{\dot{y}} + \lambda G_{\dot{y}}) = 0, \tag{2.4.17}$$

这是关于 y 的二阶微分方程.

例 2.4.4　在连接点 $P_1(x_1, y_1)$ 与 $P_2(x_2, y_2)$ 的所有长为 l 的光滑曲线中,求一条曲线 $y=y(x)$,使其和直线 $x=x_1$,$x=x_2$ 以及 x 轴所围面积最大.

这是一个等周问题,等周条件为

$$\int_{x_1}^{x_2} \sqrt{1 + \dot{y}^2(x)}\mathrm{d}x = l,$$

边界条件为

$$y(x_i) = y_i, \quad i = 1, 2,$$

泛函为

$$J(y)=\int_{x_1}^{x_2} y\,\mathrm{d}x.$$

要求 $J(y)$的极值. 设

$$H=y+\lambda\sqrt{1+\dot{y}^2}.$$

欧拉方程的首次积分为

$$y+\lambda\sqrt{1+\dot{y}^2}-\lambda\frac{\dot{y}^2}{\sqrt{1+\dot{y}^2}}=c_1,$$

整理得

$$y-c_1=\frac{-\lambda}{\sqrt{1+\dot{y}^2}},$$

令 $\dot{y}=\tan t$,则有

$$y-c_1=-\lambda\cos t,$$

而

$$\mathrm{d}x=\frac{\mathrm{d}y}{\tan t}=\frac{\lambda\sin t\,\mathrm{d}t}{\tan t}=\lambda\cos t\,\mathrm{d}t,$$

积分得

$$x-c_2=\lambda\sin t,$$

故极值曲线为

$$(x-c_2)^2+(y-c_1)^2=\lambda^2,$$

代入等周条件和边界条件,可定出 c_1,c_2,λ.

2.5　自由边界条件和横截条件

前面的讨论都假定初始时刻、终止时刻和极值曲线的两端是固定的,但在实际问题中却常常遇到终端是变动的情况,特别是终端落在指定的曲线上. 本节研究这类泛函极值问题.

先考虑初始时刻和终止时刻以及初端固定,终端变动的情况.

设泛函

$$J(x(t))=\int_{t_0}^{t_1} F(t,x,\dot{x})\,\mathrm{d}t \tag{2.5.1}$$

在 $x^*(t)\in\Omega=\{x(t):x(t)\in C^2[t_0,t_1],x(t_0)=x_0\}$达到极值,则两端固定的泛函(2.5.1)在

$$x^*(t)\in\Omega'=\{x(t):x(t)\in C^2[t_0,t_1],x(t_0)=x_0,x(t_1)=x^*(t_1)\}$$

也达到极值,于是 $x^*(t)$满足欧拉方程

$$F_x - \frac{\mathrm{d}}{\mathrm{d}t}F_{\dot{x}} = 0,$$

这时的变分为

$$\delta J = \int_{t_0}^{t_1} (F_x \delta x + F_{\dot{x}} \delta \dot{x})\mathrm{d}t = \int_{t_0}^{t_1} \left(F_x - \frac{\mathrm{d}}{\mathrm{d}t}F_{\dot{x}}\right)\delta x \mathrm{d}t + (F_{\dot{x}}\delta x)\Big|_{t=t_0}^{t=t_1}.$$

由欧拉方程和 $\delta J=0$ 以及 $\delta x(t_0)=0$ 可得 $F_{\dot{x}}\delta x|_{t=t_1}=0$,由 δx 的任意性,知 $x^*(t)$ 还要满足

$$F_{\dot{x}}\,|_{t=t_1} = 0,$$

这个条件称为**自然边界条件**. 于是 $x^*(t)$应满足下列定解问题:

$$\begin{cases} F_x - \dfrac{\mathrm{d}}{\mathrm{d}t}F_{\dot{x}} = 0, \\ x(t_0) = x_0, F_{\dot{x}}\,|_{t=t_1} = 0. \end{cases}$$

显然,如果初始时刻和终止时刻已定,两个端点的值未知,则 $x^*(t)$应满足下列定解问题:

$$\begin{cases} F_x - \dfrac{\mathrm{d}}{\mathrm{d}t}F_{\dot{x}} = 0, \\ F_{\dot{x}}\,|_{t=t_0} = 0, F_{\dot{x}}\,|_{t=t_1} = 0. \end{cases}$$

下面考虑初始时刻和初端固定,终止时刻和终端变动的情况.

设函数 $x(t)$和 t_1 使泛函(2.5.1)达到极值,则它一定使泛函(2.5.1)在端点固定在 $A(t_0,x(t_0))$,$B(t_1,x(t_1))$的情况下达到极值,于是 $x(t)$满足欧拉方程,但是欧拉方程是一个二阶微分方程,它的通解包含两个任意常数,需要两个边界条件,除了初端固定的边界条件外,在终端还需要边界条件,另外,终止时刻 t_1 也是不定的,确定 t_1 也需要条件,下面来推导这两个条件.

令 $x_1=x(t_1)$,当终端点从 $B(t_1,x_1)$离开而移到$(t_1+\Delta t_1,x_1+\Delta x_1)$时,考虑泛函

$$\begin{aligned} \Delta J &= \int_{t_0}^{t_1+\Delta t_1} F(t,x+\delta x,\dot{x}+\delta\dot{x})\mathrm{d}t - \int_{t_0}^{t_1} F(t,x,\dot{x})\mathrm{d}t \\ &= \int_{t_0}^{t_1} [F(t,x+\delta x,\dot{x}+\delta\dot{x}) - F(t,x,\dot{x})]\mathrm{d}t \\ &\quad + \int_{t_1}^{t_1+\Delta t_1} F(t,x+\delta x,\dot{x}+\delta\dot{x})\mathrm{d}t, \end{aligned} \tag{2.5.2}$$

由积分中值定理可知

$$\int_{t_1}^{t_1+\Delta t_1} F(t,x+\delta x,\dot{x}+\delta\dot{x})\mathrm{d}t = F(t,x+\delta x,\dot{x}+\delta\dot{x})\,|_{t=t_1+\theta\Delta t_1}\Delta t_1$$

$$= (F(t,x,\dot{x})\mid_{t=t_1} + \varepsilon)\Delta t_1, \tag{2.5.3}$$

其中,

$$\varepsilon = F(t,x+\delta x,\dot{x}+\delta\dot{x})\mid_{t=t_1+\theta\Delta t_1} - F(t,x,\dot{x})\mid_{t=t_1}.$$

由函数的连续性,当 $\Delta t_1\to 0,\delta x\to 0,\delta\dot{x}\to 0$ 时,$\varepsilon\to 0$.

$$\int_{t_0}^{t_1}[F(t,x+\delta x,\dot{x}+\delta\dot{x}) - F(t,x,\dot{x})]\mathrm{d}t$$

$$=\int_{t_0}^{t_1}[F_x(t,x,\dot{x})\delta x + F_{\dot{x}}(t,x,\dot{x})\delta\dot{x}]\mathrm{d}t + r,$$

其中,r 是较 δx 和 $\delta\dot{x}$ 更高阶的无穷小量.把上式积分中的第二项分部积分,然后根据欧拉方程和初始点固定的条件,有

$$\int_{t_0}^{t_1}[F_x(t,x,\dot{x}) + F_{\dot{x}}(t,x,\dot{x})]\mathrm{d}t = \int_{t_0}^{t_1}\left(F_x - \frac{\mathrm{d}}{\mathrm{d}t}F_{\dot{x}}\right)\delta x\mathrm{d}t + (F_{\dot{x}}\delta x)\mid_{t_0}^{t_1}$$

$$= F_{\dot{x}}(t,x,\dot{x})\delta x\mid_{t=t_1}. \tag{2.5.4}$$

易知

$$\delta x\mid_{t=t_1} = \Delta x_1 - \dot{x}(t_1)\Delta t_1 - \varepsilon_1, \tag{2.5.5}$$

其中,ε_1 是 Δt_1 的高阶无穷小.由于泛函的变分在泛函达到极值的曲线上为零,因此由略去高阶无穷小量的(2.5.2)~(2.5.5)得

$$\begin{aligned}\delta J &= F(t,x,\dot{x})\mid_{t=t_1}\Delta t_1 + [F_{\dot{x}}(t,x,\dot{x})\delta x]\mid_{t=t_1}\\ &= [F(t,x,\dot{x}) - F_{\dot{x}}(t,x,\dot{x})\dot{x}(t)]\mid_{t=t_1}\Delta t_1 + F_{\dot{x}}(t,x,\dot{x})\mid_{t=t_1}\Delta x_1\\ &= 0.\end{aligned} \tag{2.5.6}$$

由于 Δt_1 和 Δx_1 是相互无关的,于是由(2.5.6)可以得出

$$\begin{cases}[F(t,x,\dot{x})] - F_{\dot{x}}(t,x,\dot{x})\dot{x}(t)\mid_{t=t_1} = 0,\\ F_{\dot{x}}(t,x,\dot{x})\mid_{t=t_1} = 0.\end{cases} \tag{2.5.7}$$

如果终端落在曲线 $x=\varphi(t)$(称为靶线)上,则有

$$x_1 = \varphi(t_1),\quad \Delta x_1 \approx \dot{\varphi}(t_1)\Delta t_1,$$

将上式代入式(2.5.6),由 Δt_1 的任意性可导出

$$[F(t,x,\dot{x}) + (\dot{\varphi}(t) - \dot{x}(t))F_{\dot{x}}(t,x,\dot{x})]\mid_{t=t_1} = 0. \tag{2.5.8}$$

(2.5.8)和 $x_1=\varphi(t_1)$就构成了欧拉方程的定解条件.(2.5.7)和(2.5.8)都称为**横截条件**.于是 $x(t)$应满足如下定解问题:

$$\begin{cases}F_x - \dfrac{\mathrm{d}}{\mathrm{d}t}F_{\dot{x}} = 0,\\ x(t_0) = x_0,\\ [F(t,x,\dot{x}) + (\dot{\varphi}(t) - \dot{x}(t))F_{\dot{x}}(t,x,\dot{x})]\mid_{t=t_1} = 0,\\ x_1 = \varphi(t_1).\end{cases}$$

例 2.5.1　求 t-x 平面上坐标原点到曲线 $\varphi(t)=1/t$ 的最短弧长曲线.

解　该问题可化为在始端固定在原点,终端限制在曲线 $\varphi(t)=1/t$ 上的前提下,求泛函

$$J(x(t))=\int_0^{t_1}\sqrt{1+\dot{x}^2(t)}\,\mathrm{d}t$$

的极小值曲线问题.欧拉方程为

$$\frac{\mathrm{d}}{\mathrm{d}t}\frac{\dot{x}}{\sqrt{1+\dot{x}^2}}=0,$$

积分得

$$\frac{\dot{x}}{\sqrt{1+\dot{x}^2}}=c,$$

整理得

$$\dot{x}=c_1,$$

积分上式得

$$x=c_1t+c_2,$$

由初始条件得 $c_2=0$,于是

$$x=c_1t,$$

用横截条件来确定 c_1,由(2.5.8)得

$$\sqrt{1+c_1^2}+\left(-\frac{1}{t_1^2}-c_1\right)\frac{c_1}{\sqrt{1+c_1^2}}=0,$$

整理得

$$1-\frac{c_1}{t_1^2}=0,$$

于是

$$c_1=t_1^2,$$

因此极值曲线为

$$x=t_1^2t.$$

为确定 t_1,求靶线 $\varphi(t)=1/t$ 和极值曲线 $x=t_1^2t$ 的交点,得

$$t_1^2t_1=\frac{1}{t_1},$$

即 $t_1=1$,于是所求的极值曲线为

$$x = t, \quad 0 \leqslant t \leqslant 1.$$

上面所讨论的横截条件针对的是只有一个宗量的泛函.类似的推导可得到具有多个宗量泛函的横截条件,不再重复上面的推导过程,直接给出向量形式的横截条件,设靶线为

$$x = \Phi(t) = (\varphi_1(t), \cdots, \varphi_n(t)),$$

它是 n 维空间的一条曲线,这时的横截条件为

$$[F(t,x,\dot{x}) + (\Phi(t) - \dot{x}(t))F_{\dot{x}}(t,x,\dot{x})]\big|_{t=t_1} = 0,$$

或

$$\left[F(t,x,\dot{x}) + \sum_{i=1}^{n}(\dot{\varphi}_i(t) - \dot{x}_i(t))F_{\dot{x}_1}(t,x,\dot{x})\right]\bigg|_{t=t_1} = 0. \qquad (2.5.9)$$

2.6 具终端性能指标的泛函

前面几节所讨论的泛函仅限于积分型泛函,然而,在许多控制问题中,性能指标泛函中不仅含有积分,而且还含有终端性能指标项 $\Phi(t_1, x(t_1))$,即

$$J(x(t)) = \Phi(t_1, x(t_1)) + \int_{t_0}^{t_1} F(t,x,\dot{x})\mathrm{d}t, \qquad (2.6.1)$$

这种泛函极值问题称为混合型问题(或博尔查问题).

如果终止时刻 t_1 已定,终止时刻的位置也已确定,那么终端性能指标项是常数,(2.6.1)为积分型.本节在初始时刻已定和初端固定的前提下,对混合型问题就终止时刻 t_1 已定和终止时刻 t_1 不定两种情形来讨论(2.6.1)在 $x(t)$ 达到极值的必要条件和边界条件,并总假定函数 $\Phi(t,x)$ 和 $F(t,x,\dot{x})$ 满足所要求的连续和可微性条件.

2.6.1 终止时刻 t_1 已定,终端自由

在终止时刻 t_1 已定的情况下,(2.6.1)应写成

$$J(x(t)) = \Phi(x(t_1)) + \int_{t_0}^{t_1} F(t,x,\dot{x})\mathrm{d}t. \qquad (2.6.2)$$

设 $x(t) \in \Omega$ 是使泛函(2.6.2)达到极值的函数,那么把终端固定在 $x(t_1) = x_1$(定值),终端性能指标 $\Phi(x(t)) = \Phi(x_1)$ 是常数,这时积分型泛函(2.6.2)也应该在 $x(t)$ 达到极值,因此 $x(t)$ 应满足欧拉方程组

$$F_x - \frac{\mathrm{d}}{\mathrm{d}t}F_{\dot{x}} = 0. \qquad (2.6.3)$$

下面推导终端边界条件,对任意 $\bar{x}(t) \in \Omega$,令

$$\eta(t) = \delta x(t) = \bar{x}(t) - x(t).$$

用 $\bar{x}_\alpha = x + \alpha\eta(t)$ 代入(2.6.2)得到关于 α 的函数 $G(\alpha)$，

$$G(\alpha) = J(\bar{x}_\alpha) = \Phi(x(t_1) + \alpha\eta(t_1)) + \int_{t_0}^{t_1} F(t, x + \alpha\eta, \dot{x} + \alpha\dot{\eta})\mathrm{d}t,$$

由于 $x(t) \in \Omega$ 是使泛函(2.6.2)达到极值的函数，故函数 $G(\alpha)$ 在 $\alpha = 0$ 时达到极值，于是

$$\frac{\mathrm{d}}{\mathrm{d}\alpha}G(\alpha)\Big|_{\alpha=0} = 0,$$

即

$$\int_{t_0}^{t_1} [F_x\eta + F_{\dot{x}}\dot{\eta}]\mathrm{d}t + \frac{\partial\Phi(x(t_1))}{\partial x(t_1)}\eta(t_1) = 0.$$

对上式积分中的第二项分部积分，并注意到 $\eta(t_0) = 0$，有

$$\int_{t_0}^{t_1} \left(F_x - \frac{\mathrm{d}}{\mathrm{d}t}F_{\dot{x}}\right)\eta(t)\mathrm{d}t + \left[F_{\dot{x}}\Big|_{t=t_1} + \frac{\partial\Phi(x(t_1))}{\partial x(t_1)}\right]\eta(t_1) = 0,$$

由(2.6.3)和 $\eta(t_1)$ 的任意性，得到终端边界条件：

$$F_{\dot{x}}\Big|_{t=t_1} = -\frac{\partial\Phi(x(t_1))}{\partial x(t_1)}. \tag{2.6.4}$$

于是 $x(t)$ 应满足下列定解问题：

$$\begin{cases} F_x - \dfrac{\mathrm{d}}{\mathrm{d}t}F_{\dot{x}} = 0, \\ x(t_0) = x_0, F_{\dot{x}}\Big|_{t=t_1} = -\dfrac{\partial\Phi(x(t_1))}{\partial x(t_1)}. \end{cases}$$

对具多个宗量的含终端性能指标的泛函(2.6.2)，式(2.6.4)同样成立.

2.6.2　终止时刻 t_1 已定，终端有约束

设在初始时刻 t_0、初端 $x(t_0) = x_0$ 和终止时刻 t_1 已定，终端满足约束

$$N_i(x_1(t_1), \cdots, x_n(t_1)) = 0, \quad i = 1, \cdots, r; r < n \tag{2.6.5}$$

的条件下，混合型性能指标泛函

$$J(x(t)) = \Phi(x(t_1)) + \int_{t_0}^{t_1} F(t, x, \dot{x})\mathrm{d}t$$

在 $x(t) = (x_1(t), \cdots, x_n(t))^{\mathrm{T}}$ 达到极值，类似前面的讨论可知 $x(t) = (x_1(t), \cdots, x_n(t))^{\mathrm{T}}$ 满足欧拉方程组

$$F_{x_i} - \frac{\mathrm{d}}{\mathrm{d}t}F_{\dot{x}_i} = 0, \quad i = 1, \cdots, n.$$

为推导终端边界条件，引入拉格朗日乘子 $\mu_1,\cdots,\mu_r$，将具终端约束的泛函极值问题(2.6.2)、(2.6.5)化为无终端约束的泛函极值问题

$$\widetilde{J}(x(t)) = \Phi(x(t_1)) + \sum_{i=1}^{r}\mu_i N_i(x(t_1)) + \int_{t_0}^{t_1} F(t,x,\dot{x})\mathrm{d}t,$$

其中，$\mu_1,\cdots,\mu_r$ 是待定的常数，由(2.6.4)可得到如下终端边界条件：

$$F_{\dot{x}_i}\big|_{t=t_1} = -\Phi_{x_i}\big|_{t=t_1} - \sum_{j=1}^{r}\mu_j \frac{\partial N_j}{\partial x_i}\bigg|_{t=t_1}, \quad i=1,\cdots,n, \tag{2.6.6}$$

(2.6.5)和(2.6.6)是由 $n+r$ 个含有 $n+r$ 个未知数的方程构成的方程组，一般地，它能确定 $n+r$ 个未知数 $x_1(t_1),\cdots,x_n(t_1)$ 和 $\mu_1,\cdots,\mu_r$. 于是，$x(t)=(x_1(t),\cdots,x_n(t))^{\mathrm{T}}$ 应满足下列定解问题：

$$\begin{cases} F_x - \dfrac{\mathrm{d}}{\mathrm{d}t}F_{\dot{x}} = 0, \\ x(t_0) = x_0, \\ F_{\dot{x}}\big|_{t=t_1} = -\dfrac{\partial\Phi(x(t_1))}{\partial x(t_1)} - \displaystyle\sum_{i=1}^{r}\mu_i \frac{\partial N_i(x(t_1))}{\partial x(t_1)}, \\ N_i(x_1(t_1),\cdots,x_n(t_1)) = 0, \quad i=1,\cdots,r; r<n. \end{cases}$$

例 2.6.1 求泛函

$$J(x_1(t),x_2(t),x_3(t)) = \frac{1}{2}\int_0^1 x_3^2(t)\mathrm{d}t$$

在约束

$$\dot{x}_1 = x_2, \quad \dot{x}_2 = x_3, \quad x_1(0) = 0, \quad x_2(0) = 0$$

和终端约束

$$x_1(1) + x_2(1) = 1$$

下取极小值的极值函数 $x_1(t),x_2(t),x_3(t)$.

解 引入拉格朗日乘子 μ 和拉格朗日乘子函数 $\lambda_1(t),\lambda_2(t)$，将原问题化为无条件约束和终端约束泛函

$$\begin{aligned} &\widetilde{J}(x_1,x_2,x_3,\lambda_1,\lambda_2) \\ &= \mu[x_1(1)+x_2(1)-1] + \int_0^1 \left[\frac{1}{2}x_3^2 + \lambda_1(t)(\dot{x}_1 - x_2) + \lambda_2(\dot{x}_2 - x_3)\right]\mathrm{d}t \end{aligned}$$

极值问题.

由于 $F(x_1,x_2,x_3,\lambda_1,\lambda_2)=\dfrac{1}{2}x_3^2+\lambda_1(t)(\dot{x}_1-x_2)+\lambda_2(\dot{x}_2-x_3)$，故欧拉方程组为

对 x_1： $\frac{d\lambda_1}{dt}=0$.

对 x_2： $\lambda_1+\frac{d\lambda_2}{dt}=0$.

对 x_3： $x_3-\lambda_2=0$.

对 λ_1： $\dot{x}_1=x_2$.

对 λ_2： $\dot{x}_2=x_3$.

求解上述欧拉方程组得

$$\lambda_1(t)=c_1,\quad \lambda_2(t)=-c_1t+c_2,$$
$$x_3=-c_1t+c_2,$$
$$x_2=-\frac{1}{2}c_1t^2+c_2t+c_3,$$
$$x_1=-\frac{1}{6}c_1t^3+\frac{1}{2}c_2t^2+c_3t+c_4.$$

由初始条件 $x_1(0)=0, x_2(0)=0$ 可得出 $c_3=c_4=0$，由终端约束 $x_1(1)+x_2(1)=1$ 得

$$-\frac{1}{2}c_1+c_2-\frac{1}{6}c_1+\frac{1}{2}c_2=1,$$

即

$$-\frac{2}{3}c_1+\frac{3}{2}c_2=1. \tag{2.6.7}$$

由终端边界条件(2.6.6)得

$$\lambda_1(1)=-\mu,\quad \lambda_2(1)=-\mu,$$

因此有

$$c_1=-c_1+c_2. \tag{2.6.8}$$

由(2.6.7)和(2.6.8)可以确定出 $c_1=3/7, c_2=6/7$. 于是所求的极小值曲线为

$$x_1=-\frac{1}{14}t^3+\frac{3}{7}t^2,$$
$$x_2=-\frac{3}{14}t^2+\frac{6}{7}t,$$
$$x_3=-\frac{3}{7}t+\frac{6}{7}.$$

2.6.3 终止时刻 t_1 不定，终端自由

设在初始时刻 t_0 和初端 $x(t_0)=x_0$ 已定，终止时刻 t_1 不定，终端自由的条件

下,混合型性能指标泛函(2.6.1)在时刻 t_1^* 和 $x(t)$达到极值.则对固定的 $t_1=t_1^*$,终端自由的混合型性能指标泛函(2.6.1)也应在 $x(t)$达到极值,于是,$x(t)$满足欧拉方程和终端边界条件(2.6.4).显然,对给定的函数 $x(t)$,函数

$$G(t)=\Phi(t,x(t))+\int_{t_0}^{t}F(\tau,x(\tau),\dot{x}(\tau))\mathrm{d}\tau$$

在 $t=t_1^*$ 时取极值,从而

$$\left.\frac{\mathrm{d}G(t)}{\mathrm{d}t}\right|_{t=t_1^*}=0$$

即有

$$[\Phi_t+(\Phi_x)^{\mathrm{T}}\dot{x}+F(t,x(t),\dot{x}(t))]\,|_{t=t_1^*}=0, \tag{2.6.9}$$

于是 $x(t)$应满足下述定解问题:

$$\begin{cases}F_x-\dfrac{\mathrm{d}}{\mathrm{d}t}F_{\dot{x}}=0,\\ x(t_0)=x_0,\\ F_{\dot{x}}\,|_{t=t_1^*}=-\dfrac{\partial\Phi(x(t_1^*))}{\partial x(t_1^*)},\\ [\Phi_t+(\Phi_x)^{\mathrm{T}}\dot{x}+F(t,x(t),\dot{x}(t))]\,|_{t=t_1^*}=0.\end{cases}$$

2.6.4 终止时刻 t_1 不定,终端有约束

设在初始时刻 t_0 和初端 $x(t_0)=x_0$ 已定,终止时刻 t_1 不定,终端满足约束

$$N_i(t_1,x_1(t_1),\cdots,x_n(t_1))=0,\quad i=1,\cdots,r;r<n$$

的条件下,混合型性能指标泛函(2.6.1)在时刻 t_1^* 和 $x(t)$达到极值.则对固定的 $t_1=t_1^*$,终端有约束的混合型性能指标泛函(2.6.1)也应在 $x(t)$达到极值,于是,$x(t)$满足欧拉方程和终端边界条件(2.6.6).类似的推导可得

$$\left.\left[\left(\Phi_t+\sum_{i=1}^{r}\mu_i\frac{\partial N_i}{\partial t}\right)+\left(\Phi_x+\sum_{i=1}^{r}\mu_i\frac{\partial N_i}{\partial x}\right)^{\mathrm{T}}\dot{x}+F(t,x(t),\dot{x}(t))\right]\right|_{t=t_1^*}=0, \tag{2.6.10}$$

将(2.6.6)代入(2.6.10)得

$$\left.\left[\left(\Phi_t+\sum_{i=1}^{r}\mu_i\frac{\partial N_i}{\partial t}\right)-(F_{\dot{x}})^{\mathrm{T}}\dot{x}+F(t,x(t),\dot{x}(t))\right]\right|_{t=t_1^*}=0, \tag{2.6.11}$$

其中,$\mu_1,\cdots,\mu_r$ 为拉格朗日乘子,于是,$x(t)=(x_1(t),\cdots,x_n(t))^{\mathrm{T}}$ 应满足下述定解问题:

$$\begin{cases} F_x - \dfrac{\mathrm{d}}{\mathrm{d}t}F_{\dot{x}} = 0, \\ x(t_0) = x_0, \\ F_{\dot{x}} \big|_{t=t_1^*} = -\dfrac{\partial \Phi(x(t))}{\partial x(t)} - \sum\limits_{i=1}^{r} \mu_i \dfrac{\partial N_i(x(t))}{\partial x(t)} \Big|_{t=t_1^*}, \\ \left[\left(\Phi_t + \sum\limits_{i=1}^{r} \mu_i \dfrac{\partial N_i}{\partial t} \right) - (F_{\dot{x}})^{\mathrm{T}} \dot{x} + F(t, x(t), \dot{x}(t)) \right] \Big|_{t=t_1^*} = 0, \\ N_i(x_1(t), \cdots, x_n(t)) \big|_{t=t_1^*} = 0, \quad i = 1, \cdots, r. \end{cases}$$

例 2.6.2　求泛函

$$J(x_1(t), x_2(t), x_3(t)) = \frac{1}{2}\int_0^{t_1} x_3^2(t)\,\mathrm{d}t$$

在状态约束

$$\dot{x}_1 = x_2, \quad \dot{x}_2 = x_3, \quad x_1(0) = 0$$

和终端约束

$$x_1(t_1) + x_2(t_1) - t_1 = 0$$

下取极小值的极值函数 $x_1(t), x_2(t), x_3(t)$ 和终止时刻 t_1.

解　引入拉格朗日乘子 μ 和拉格朗日乘子函数 $\lambda_1(t), \lambda_2(t)$，将原问题化为无条件约束和终端约束泛函

$$\begin{aligned} &\widetilde{J}(x_1, x_2, x_3, \lambda_1, \lambda_2) \\ &= \mu[x_1(t_1) + x_2(t_1) - t_1] + \int_0^{t_1} \left[\frac{1}{2}x_3^2 + \lambda_1(t)(\dot{x}_1 - x_2) + \lambda_2(\dot{x}_2 - x_3) \right] \mathrm{d}t \end{aligned}$$

极值问题.

由于 $F(x_1, x_2, x_3, \lambda_1, \lambda_2) = \dfrac{1}{2}x_3^2 + \lambda_1(t)(\dot{x}_1 - x_2) + \lambda_2(\dot{x}_2 - x_3)$，故欧拉方程组为

对 x_1：　$\dfrac{\mathrm{d}\lambda_1}{\mathrm{d}t} = 0,$

对 x_2：　$\lambda_1 + \dfrac{\mathrm{d}\lambda_2}{\mathrm{d}t} = 0,$

对 x_3：　$x_3 - \lambda_2 = 0,$

对 λ_1：　$\dot{x}_1 = x_2,$

对 λ_2：　$\dot{x}_2 = x_3.$

求解上述欧拉方程组得

$$\begin{cases}\lambda_1(t) = c_1, \quad \lambda_2(t) = -c_1 t + c_2, \\ x_3 = -c_1 t + c_2, \\ x_2 = -\dfrac{1}{2}c_1 t^2 + c_2 t + c_3, \\ x_1 = -\dfrac{1}{6}c_1 t^3 + \dfrac{1}{2}c_2 t^2 + c_3 t + c_4. \end{cases} \tag{2.6.12}$$

由初始条件 $x_1(0)=0, x_2(0)=0$ 可得出 $c_3=c_4=0$，由终端边界条件(2.6.6)得

$$\lambda_1(t_1) = -\mu, \quad \lambda_2(t_1) = -\mu,$$

将(2.6.12)代入上式得

$$-c_1 t_1 + c_2 = -\mu, \quad c_1 = -\mu, \tag{2.6.13}$$

由式(2.6.11)得

$$\frac{1}{2}x_3^2(t_1) - \lambda_1(t_1)\dot{x}_1(t_1) - \lambda_2(t_1)\dot{x}_2(t_1) - \mu = 0,$$

将(2.6.12)代入上式得

$$\frac{1}{2}(-c_1 t_1 + c_2)^2 - c_1\left(-\frac{1}{2}c_1 t_1^2 + c_2 t_1\right) - (-c_1 t_1 + c_2)^2 - \mu = 0. \tag{2.6.14}$$

由终端约束条件和(2.6.12)得

$$-\frac{1}{6}c_1 t_1^3 + \frac{1}{2}c_2 t_1^2 - \frac{1}{2}c_1 t_1^2 + c_2 t_1 = t_1. \tag{2.6.15}$$

求解方程组(2.6.13)～(2.6.15)得

$$c_1 = 2-\sqrt{3}, \quad c_2 = \sqrt{3}-1, \quad t_1 = \sqrt{3}.$$

于是，所求的极值函数和终止时刻分别为

$$\begin{aligned} x_1 &= -\frac{1}{6}(2-\sqrt{3})t^3 + \frac{1}{2}(\sqrt{3}-1)t^2, \\ x_2 &= -\frac{1}{2}(2-\sqrt{3})t^2 + (\sqrt{3}-1)t, \\ x_3 &= -(2-\sqrt{3})t + \sqrt{3} - 1, \\ t_1 &= \sqrt{3}. \end{aligned}$$

2.7　最优控制问题的变分法

最优控制问题实质上就是在状态方程的约束下求性能指标泛函的极值问题，

因此当容许控制 u 不受限制,即容许控制类 $\Omega=\mathbf{R}^m$,f_0 和 f 满足一定的光滑性要求时,就可以用变分法求解,本节讨论用变分法求解最优控制问题.

首先考虑初始时刻和终止时刻已定,初端和终端固定,性能指标泛函为积分型(拉格朗日型)的最优控制问题,即求 $u\in\mathbf{R}^m$ 使泛函

$$J(u(t))=\int_{t_0}^{t_1}f_0(t,x,u)\mathrm{d}t \tag{2.7.1}$$

在状态约束

$$\dot{x}=f(t,x,u),\quad x(t_0)=x_0,\quad x(t_1)=x_1 \tag{2.7.2}$$

下达到最大值.根据定理 2.4.1,有

定理 2.7.1　设 $f_0(t,x,u)$ 和 $f(t,x,u)$ 具有连续的一阶偏导数.如果 $u\in\mathbf{R}^m$ 使泛函(2.7.1)在状态约束条件(2.7.2)下达到最大值,则必存在函数 $\lambda(t)=(\lambda_1(t),\cdots,\lambda_n(t))^{\mathrm{T}}$ 使得 $x(t),u(t),\lambda(t)$ 满足方程组

$$\begin{cases}\dot{\lambda}(t)=-\dfrac{\partial H}{\partial x},\\ \dfrac{\partial H}{\partial u}=0,\\ \dot{x}=f(t,x,u),\end{cases} \tag{2.7.3}$$

其中,$H(t,x,u,\lambda)=f_0(t,x,u)+\lambda^{\mathrm{T}}(t)f(t,x,u)$ 称为哈密顿(Hamilton)函数.

例 2.7.1　求控制函数 $u(t)$ 使得性能指标泛函

$$J(u(t))=\frac{1}{2}\int_0^2u^2(t)\mathrm{d}t$$

在状态约束

$$\dot{x}_1=x_2,\quad \dot{x}_2=u$$

和边界条件

$$x_1(0)=1,\quad x_2(0)=1,\quad x_1(2)=0,\quad x_2(2)=0$$

下达到最小值.

解　哈密顿函数为

$$H(t,x_1,x_2,u,\lambda_1,\lambda_2)=\frac{1}{2}u^2(t)+\lambda_1x_2+\lambda_2u.$$

根据定理 2.7.1,有

$$\begin{cases}\dot{\lambda}_1=-\dfrac{\partial H}{\partial x_1}=0,\\ \dot{\lambda}_2=-\dfrac{\partial H}{\partial x_2}=-\lambda_1,\\ \dfrac{\partial H}{\partial u}=u+\lambda_2=0,\\ \dot{x}_1=x_2,\\ \dot{x}_2=u,\end{cases}$$

求解上述方程组得

$$\lambda_1(t)=c_1,\quad \lambda_2(t)=-c_1t+c_2,$$
$$u=c_1t-c_2,$$
$$x_2=\frac{1}{2}c_1t^2-c_2t+c_3,$$
$$x_1=\frac{1}{6}c_1t^3-\frac{1}{2}c_2t^2+c_3t+c_4.$$

由边界条件可得

$$c_1=3,\quad c_2=\frac{7}{2},\quad c_3=c_4=1,$$

从而有

$$u(t)=3t-\frac{7}{2}.$$

其次，考虑初始时刻和终止时刻已定，初端固定，终端有约束，性能指标泛函为混合性型(博尔查型)的最佳控制问题，即求 $u\in\mathbf{R}^m$ 使泛函

$$J(u(t))=\Phi(x(t_1))+\int_{t_0}^{t_1}f_0(x,u)\mathrm{d}t \tag{2.7.4}$$

在状态约束

$$\dot{x}=f(x,u),\quad x(t_0)=x_0 \tag{2.7.5}$$

和终端约束

$$N_i(x_1(t_1),\cdots,x_n(t_1))=0,\quad i=1,\cdots,r;r<n \tag{2.7.6}$$

下达到最大值.

引入拉格朗日乘子 $\mu_i(i=1,\cdots,r)$ 和拉格朗日乘子函数 $\lambda(t)=(\lambda_1(t),\cdots,\lambda_n(t))^{\mathrm{T}}$，构造一个新的泛函

$$\widetilde{J}(x,u,\lambda)=\Phi(x(t_1))+\sum_{i=1}^{r}\mu_iN_i(x(t_1))+\int_{t_0}^{t_1}[f_0(x,u)+\lambda^{\mathrm{T}}(t)(f(x,u)-\dot{x})]\mathrm{d}t.$$

把上述最优控制问题转化为无状态约束和终端约束的泛函极值问题.为方便起见，令

$$H(x,u,\lambda)=f_0(x,u)+\lambda^{\mathrm{T}}(t)f(x,u),$$
$$\overline{H}(x,u,\lambda)=H(x,u,\lambda)-\lambda^{\mathrm{T}}(t)\dot{x},$$

根据 2.6 节的讨论，欧拉方程为

对 x：

$$\dot{\lambda}=-\frac{\partial H}{\partial x}. \tag{2.7.7}$$

对 λ：

$$\dot{x}=f(x,u).$$

对 u：

$$\frac{\partial H}{\partial u}=0. \tag{2.7.8}$$

由(2.6.6)可得

$$\overline{H}_{\dot{x}}\mid_{t=t_1}=-\frac{\partial}{\partial x(t_1)}\Big[\Phi(x(t_1))+\sum_{i=1}^{r}\mu_i N_i(x(t_1))\Big],$$

于是

$$\lambda(t_1)=\frac{\partial}{\partial x(t_1)}\Big[\Phi(x(t_1))+\sum_{i=1}^{r}\mu_i N_i(x(t_1))\Big],$$

其中，$\lambda(t)$称为**辅助函数**(或**伴随函数**)，(2.7.7)称为**辅助方程**(或**伴随方程**)，函数

$$H(x,u,\lambda)=f_0(x,u)+\lambda^{\mathrm{T}}(t)f(x,u)$$

称为哈密顿函数. 根据连锁规则

$$\frac{\mathrm{d}H}{\mathrm{d}t}=\frac{\partial H}{\partial x}\dot{x}+\frac{\partial H}{\partial \lambda}\dot{\lambda}+\frac{\partial H}{\partial u}\dot{u}+\frac{\partial H}{\partial t},$$

将(2.7.5)、(2.7.7)和(2.7.8)代入上式得

$$\frac{\mathrm{d}H}{\mathrm{d}t}=\frac{\partial H}{\partial x}\frac{\partial H}{\partial \lambda}+\frac{\partial H}{\partial \lambda}\left(-\frac{\partial H}{\partial x}\right)+\frac{\partial H}{\partial t}=\frac{\partial H}{\partial t}=0,$$

于是

$$H(x,u,\lambda)=H(x(t_1),u(t_1),\lambda(t_1))\equiv c,$$

因此，有

定理 2.7.2　设 $\Phi(x)$，$f_0(t,x,u)$，$N_i(x)(i=1,\cdots,r)$和 $f(t,x,u)$具有连续的一阶偏导数. 如果 $u\in\mathbf{R}^m$ 使泛函(2.7.4)在状态约束(2.7.5)和终端约束(2.7.6)下达到最大值，则必存在函数 $\lambda(t)=(\lambda_1(t),\cdots,\lambda_n(t))^{\mathrm{T}}$，使得

(1) $\lambda(t)$满足辅助方程

$$\dot{\lambda}=-\frac{\partial H}{\partial x}$$

和边界条件

$$\lambda(t_1)=\frac{\partial}{\partial x(t_1)}\Big[\Phi(x(t_1))+\sum_{i=1}^{r}\mu_i N_i(x(t_1))\Big].$$

(2) 控制函数 $u(t)$满足方程

$$\frac{\partial H}{\partial u}=0.$$

(3) $H(x,u,\lambda)=H(x(t_1),u(t_1),\lambda(t_1))\equiv c$.

例 2.7.2　求使受控系统

$$\begin{cases}\dot{x}_1 = x_2, \\ \dot{x}_2 = u\end{cases}$$

由初始状态 $x_1(0)=0, x_2(0)=0$ 出发，当 $t_1=1$ 时转移到目标集

$$A = \{(x_1(t_1), x_2(t_1)): x_1(t_1) + x_2(t_1) - 1 = 0\},$$

且使性能指标

$$J(u(t)) = \frac{1}{2}\int_0^1 u^2(t)\mathrm{d}t$$

为最小的最优控制 $u(t)$ 和相应的最优轨线 $x_1(t), x_2(t)$.

解 哈密顿函数为

$$H(x,u) = \frac{1}{2}u^2(t) + \lambda_1(t)x_2 + \lambda_2(t)u.$$

由定理 2.7.2 的(1)有

$$\dot{\lambda}_1 = -\frac{\partial H}{\partial x_1} = 0,$$

$$\dot{\lambda}_2 = -\frac{\partial H}{\partial x_2} = -\lambda_1,$$

即

$$\lambda_1 = c_1, \quad \lambda_2 = -c_1 t + c_2.$$

由定理 2.7.2 的(2)有

$$\frac{\partial H}{\partial u} = u + \lambda_2 = 0,$$

即

$$u = -\lambda_2 = c_1 t - c_2,$$

将上式代入状态方程，求解得

$$x_2 = \frac{1}{2}c_1 t^2 - c_2 t + c_3,$$

$$x_1 = \frac{1}{6}c_1 t^3 - \frac{1}{2}c_2 t^2 + c_3 t + c_4,$$

由初始条件 $x_1(0)=0, x_2(0)$ 可得出 $c_3=c_4=0$，由终端约束 $x_1(1)+x_2(1)=1$ 得

$$\frac{1}{2}c_1 - c_2 + \frac{1}{6}c_1 - \frac{1}{2}c_2 = 1,$$

即

$$\frac{2}{3}c_1 - \frac{3}{2}c_2 = 1.$$

由定理 2.7.2 的(1)得

$$\lambda_1(1) = \mu, \quad \lambda_2(1) = \mu,$$

因此，有

$$c_1 = -c_1 + c_2,$$

由此可以确定出 $c_1 = -3/7, c_2 = -6/7$. 于是所求的最优控制函数为

$$u(t) = \frac{3}{7}t - \frac{6}{7}.$$

相应的最优轨线为

$$x_1 = -\frac{1}{14}t^3 + \frac{3}{7}t^2,$$

$$x_2 = -\frac{3}{14}t^2 + \frac{6}{7}t.$$

最后，考虑初始时刻已定，初端固定，终止时刻不定，终端有约束，性能指标泛函为混合性型（博尔查型）的最优控制问题，即求 $u \in \mathbf{R}^m$ 和 t_1 使泛函

$$J(u(t)) = \Phi(t_1, x(t_1)) + \int_{t_0}^{t_1} f_0(t, x, u)\mathrm{d}t \tag{2.7.9}$$

在状态约束

$$\dot{x} = f(t, x, u), \quad x(t_0) = x_0 \tag{2.7.10}$$

和终端约束

$$N_i(t_1, x_1(t_1), \cdots, x_n(t_1)) = 0, \quad i = 1, \cdots, r; r < n \tag{2.7.11}$$

下达到最大值.

引入拉格朗日乘子 $\mu_i (i=1,\cdots,r)$ 和拉格朗日乘子函数 $\lambda(t) = (\lambda_1(t), \cdots, \lambda_n(t))^{\mathrm{T}}$，构造新的泛函

$$\begin{aligned}\widetilde{J}(x,u,\lambda) =& \Phi(t_1, x(t_1)) + \sum_{i=1}^{r} \mu_i N_i(t_1, x(t_1)) \\ &+ \int_{t_0}^{t_1} [f_0(t,x,u) + \lambda^{\mathrm{T}}(t)(f(t,x,u) - \dot{x})]\mathrm{d}t,\end{aligned}$$

把上述最优控制问题转化为无状态约束和终端约束的泛函极值问题. 为了方便起见，令

$$\begin{aligned}H(t,x,u,\lambda) &= f_0(t,x,u) + \lambda^{\mathrm{T}}(t) f(t,x,u), \\ \overline{H}(t,x,u,\lambda) &= H(t,x,u,\lambda) - \lambda^{\mathrm{T}}(t)\dot{x}.\end{aligned}$$

根据 2.6 节的讨论，欧拉方程为

对 x：

$$\dot{\lambda}=-\frac{\partial H}{\partial x}. \tag{2.7.12}$$

对 λ：

$$\dot{x}=f(t,x,u).$$

对 u： (2.7.13)

$$\frac{\partial H}{\partial u}=0.$$

由(2.6.6)可得

$$\overline{H}_{\dot{x}}\mid_{t=t_1}=-\frac{\partial}{\partial x(t_1)}\left[\Phi(t_1,x(t_1))+\sum_{i=1}^{r}\mu_i N_i(t,x(t_1))\right],$$

于是

$$\lambda(t_1)=\frac{\partial}{\partial x(t_1)}\left[\Phi(t_1,x(t_1))+\sum_{i=1}^{r}\mu_i N_i(t_1,x(t_1))\right].$$

根据(2.6.11)，终止时刻 t_1 应满足

$$\left(H+\frac{\partial\Phi}{\partial t}+\sum_{i=1}^{r}\mu_i\frac{\partial N_i}{\partial t}\right)\bigg|_{t=t_1}=0, \tag{2.7.14}$$

其中，$\lambda(t)$称为**辅助函数**，(2.7.12)称为**辅助方程**，函数

$$H(t,x,u,\lambda)=f_0(t,x,u)+\lambda^{\mathrm{T}}(t)f(t,x,u)$$

称为哈密顿函数. 根据连锁规则

$$\frac{\mathrm{d}H}{\mathrm{d}t}=\frac{\partial H}{\partial x}\dot{x}+\frac{\partial H}{\partial\lambda}\dot{\lambda}+\frac{\partial H}{\partial u}\dot{u}+\frac{\partial H}{\partial t},$$

将(2.7.5)、(2.7.7)和(2.7.8)代入上式得

$$\frac{\mathrm{d}H}{\mathrm{d}t}=\frac{\partial H}{\partial x}\frac{\partial H}{\partial\lambda}+\frac{\partial H}{\partial\lambda}\left(-\frac{\partial H}{\partial x}\right)+\frac{\partial H}{\partial t}=\frac{\partial H}{\partial t},$$

于是

$$H(t,x,u,\lambda)=H(t_1,x(t_1),u(t_1),\lambda(t_1))+\int_{t_1}^{t}\frac{\partial}{\partial s}H(s,x(s),\lambda(s),u(s))\mathrm{d}s,$$

因此，有

定理 2.7.3 设 $\Phi(t,x)$，$f_0(t,x,u)$，$N_i(t,x)(i=1,\cdots,r)$和 $f(t,x,u)$具有连续的一阶偏导数. 如果 $u\in\mathbf{R}^m$ 和 t_1 使泛函(2.7.9)在状态约束(2.7.10)和终端约束(2.7.11)下达到最大值，则必存在函数 $\lambda(t)$使得

(1) $\lambda(t)$满足辅助方程

$$\dot{\lambda}=-\frac{\partial H}{\partial x},$$

线 $x^*(t)=\frac{1}{2}t$. 下面求具有一个角点的极值曲线，设 $\hat{t}$ 为分段点，即

$$x^*(t)=\begin{cases}at+b, & t\in[0,\hat{t}],\\ At+B, & t\in[\hat{t},4],\end{cases}\tag{2.8.6}$$

由边界条件 $x^*(0)=0, x^*(4)=2$，可求得 $b=0, B=2-4A$，于是(2.8.6)变为

$$x^*(t)=\begin{cases}at, & t\in[0,\hat{t}],\\ At+2-4A, & t\in[\hat{t},4],\end{cases}$$

由连续性条件，有

$$a\hat{t}=A\hat{t}+2-4A,\tag{2.8.7}$$

由角点条件(2.8.3)和(2.8.4)可得

$$\begin{cases}-3a^4+2a^2+1=-3A^4+2A^2+1,\\ 4a^3-4a=4A^3-4A,\end{cases}\tag{2.8.8}$$

求解方程组(2.8.8)得 $a=1, A=-1$，将其代入(2.8.7)可得 $\hat{t}=3$，于是，具有一个角点的极值曲线为

$$x^*(t)=\begin{cases}t, & t\in[0,3],\\ -t+6, & t\in[3,4].\end{cases}$$

2.8.2　泛函极值曲线的充分条件

欧拉方程及其边值问题的解是泛函极值曲线应满足的必要条件，称其为驻值曲线. 如果某实际问题确实存在最大(最小)值曲线，驻值曲线唯一时，可判定该驻值曲线就是最大(最小)值曲线. 在其他情况下，驻值曲线是否是极值曲线，是极大值曲线还是极小值曲线，需要判别. 下面针对最简泛函

$$J=\int_{t_0}^{t_1}F(t,x,\dot{x})\mathrm{d}t,\quad x(t_0)=x_0,\quad x(t_1)=x_1\tag{2.8.9}$$

给出驻值曲线是极值曲线的充分条件，即

定理 2.8.1　假设函数 $F(t,x,\dot{x})$ 具有三阶连续偏导数，$x(t)$ 是欧拉方程边值问题

$$\begin{cases}F_x-\dfrac{\mathrm{d}}{\mathrm{d}t}F_{\dot{x}}=0,\\ x(t_0)=x_0,\quad x(t_1)=x_1\end{cases}\tag{2.8.10}$$

的解，则沿 $x(t)$，$F_{\dot{x}\dot{x}}>0(<0)$ 时，$x(t)$ 是泛函(2.8.9)的极小(大)值曲线.

证明　任取 $x(t)$ 的临近曲线 $x(t)+\alpha\delta x(t)$，令

$$\Phi(\alpha)=J[x(t)+\alpha\delta x(t)]=\int_{t_0}^{t_1}F(t,x(t)+\alpha\delta x(t),\dot{x}(t)+\alpha\delta\dot{x}(t))\mathrm{d}t,$$

则有

$$\Phi(\alpha)=\Phi(0)+\Phi'(0)\alpha+\frac{\Phi''(0)}{2!}\alpha^2+o(\alpha^2),$$

其中,

$$\begin{aligned}\Phi(0)&=\int_{t_0}^{t_1}F(t,x(t),\dot{x}(t))\mathrm{d}t,\\ \Phi'(0)&=0,\\ \Phi''(0)&=\int_{t_0}^{t_1}[F_{xx}\delta^2x(t)+2F_{x\dot{x}}\delta x\delta\dot{x}+F_{\dot{x}\dot{x}}\delta^2]\mathrm{d}t\\ &=\int_{t_0}^{t_1}F_{\dot{x}\dot{x}}\delta^2\dot{x}\mathrm{d}t,\end{aligned}$$

从而

$$\begin{aligned}J[x(t)+\alpha\delta x(t)]-J[x(t)]&=\Phi(\alpha)-\Phi(0)\\ &=\frac{\alpha^2}{2!}\int_{t_0}^{t_1}F_{\dot{x}\dot{x}}\delta^2\dot{x}\mathrm{d}t+o(\alpha^2),\end{aligned}$$

于是,当沿 $x(t)$,$F_{\dot{x}\dot{x}}>0(<0)$,α 充分小时

$$\begin{aligned}J[x(t)+\alpha\delta x(t)]-J[x(t)]&=\Phi(\alpha)-\Phi(0)\\ &=\frac{\alpha^2}{2!}\int_{t_0}^{t_1}F_{\dot{x}\dot{x}}\delta^2\dot{x}\mathrm{d}t+o(\alpha^2)\\ &\geqslant(\leqslant)0,\end{aligned}$$

即 $x(t)$是泛函(2.8.9)的极小(大)值曲线.

习　题　2

1. 求泛函的极值曲线.

(1) $J=\int_{t_0}^{t_1}[x^2(t)+\dot{x}^2(t)-2x(t)\sin t]\mathrm{d}t$.

(2) $J=\int_0^1[x^2(t)+\dot{x}^2(t)]\mathrm{d}t,x(0)=0,x(1)=1$.

(3) $J=\int_0^2[t\dot{x}(t)+\dot{x}^2(t)]\mathrm{d}t,x(0)=1,x(2)=0$.

(4) $J=\int_0^{\frac{\pi}{8}}(2x\dot{x}+\dot{x}^2-4x^2)\mathrm{d}t,x(0)=1,x\left(\frac{\pi}{8}\right)=-1$.

(5) $J=\int_0^{\frac{\pi}{4}}(\dot{x}^2-x^2)\mathrm{d}t,x(0)=1,x\left(\frac{\pi}{4}\right)$自由.

(6) $J=\int_0^{\pi}(\dot{x}^2-x^2)\mathrm{d}t,x(0)=1,x(\pi)=1,\int_0^{\pi}x\mathrm{d}t=1$.

2. 求 x-y 平面上点(0,1)到直线 $y=2-\frac{1}{\sqrt{3}}x$ 的最短弧长曲线.

3. 设系统的状态方程为

$$\dot{x}_1(t)=-x_1(t)+x_2(t),\quad \dot{x}_2(t)=u,$$

初始条件为 $x_1(0)=0$,$x_2(0)=1$,终端自由,性能指标为

$$J=\frac{1}{2}x_2^2(1)+\frac{1}{2}\int_0^1 u^2(t)\mathrm{d}t.$$

求使性能指标 J 达到最小值的最优控制 $u^*(t)$.

4. 设系统的状态方程为

$$\dot{x}_1(t)=x_2(t),\quad \dot{x}_2(t)=u,$$

初始条件为

$$x_1(0)=1,\quad x_2(0)=0,$$

终止时刻不定,终端约束为

$$x_1(t_1)=-t_1^2,\quad x_2(t_1)=0,$$

性能指标为

$$J=\frac{1}{2}\int_0^{t_1} u^2(t)\mathrm{d}t.$$

求最优控制 $u^*(t)$和 t_1^* 使性能指标 J 达到最小值.

5. 设系统的状态方程为

$$\dot{x}_1(t)=-x_2(t)+u(t),\quad \dot{x}_2(t)=-u,$$

边界条件为 $x_1(0)=2$,$x_2(0)=0$,$x_1(1)=1$,$x_2(1)=1$,性能指标为

$$J=\frac{1}{2}\int_0^1 u^2(t)\mathrm{d}t.$$

求使性能指标 J 达到最小值的控制 $u^*(t)$.

6. 设系统的状态方程为 $\dot{x}(t)=u(t)$,初始条件为 $x(0)=1$,终止时刻不定,终端条件为 $x(t_1)=0$,性能指标为

$$J=t_1+\frac{1}{2}\int_0^{t_1}[u^2(t)]\mathrm{d}t.$$

求最优控制 $u^*(t)$和 t_1^* 使性能指标 J 达到最小值.

7. 某公司要在一年内将某商品的价格 $p(t)$由 $p_0=70$ 调到较合理的价格 $p_1=100$,价格的调整要在一年的 52 周内完成.商品的销售量 S 与价格和价格变化率有关,即 $S(p(t),\dot{p})$,商品的生产费用 C 与销售量 S 有关,由统计方法已求得

$$S(p(t),\dot{p})=-p+100\dot{p}+100,$$

$$C(S)=\frac{1}{2}S^2+2S+40,$$

则全年的总利润为

$$J[p]=\int_{0}^{52}[S(p,\dot{p})p-C(S)]\mathrm{d}t.$$

最优价格问题是求价格 $p(t)$，使 $p(0)=70, p(52)=100$，并使总利润 $J[p]$ 最大.

8. 推导泛函

$$J=\int_{t_0}^{t_1}F(t,x,\dot{x},\ddot{x})\mathrm{d}t$$

取极值的必要条件.

9. 求泛函

$$\int_{0}^{2}\dot{x}^2(1-\dot{x})^2\mathrm{d}t,\quad x(0)=2,\quad x(2)=1$$

具有一个角点的极值曲线.

第 3 章　最大值原理

第 2 章讨论了利用变分法求解最优控制问题，为了能够用变分法求解最优控制问题，要求积分型泛函中的被积函数 $f_0(t,x,u)$ 和状态方程的右端函数 $f(t,x,u)$ 对 u 有一定的光滑性，并且容许控制集 Ω 为整个 m 维空间 $\mathbf{R}^m$ 或为 $\mathbf{R}^m$ 中的开集. 这些要求使得许多最优控制问题不能用变分法求解. 例如，在许多实际问题中，控制函数 u 的容许集合常常是 $\mathbf{R}^m$ 中的闭集，特别 $U=\{u=(u_1,\cdots,u_m):A_i\leqslant u_i\leqslant B_i\}$. 再如，许多控制问题的性能指标泛函为

$$J(u(t))=\int_0^{t_1}|u(t)|\mathrm{d}t,$$

它的被积函数对 u 不可微，因此，古典变分法无法利用.

当控制向量函数的值域为 m 维空间 $\mathbf{R}^m$ 中的闭集时，即使被积函数 $f_0(t,x,u)$ 和状态方程的右端函数 $f(t,x,u)$ 对 u 有一定的光滑性，欧拉方程也不能用，这就如定义在有限闭区间上的函数，它的最大值常常在区间的端点达到，这时函数的导数等于零就不能用来求最大值点. 对于最优控制问题也是一样，这时泛函的最大值对宗量 u 来说可能取在 U 的边界上，因此，欧拉方程失去了作用，所以当控制向量函数的值域为 m 维空间 $\mathbf{R}^m$ 中的闭集或被积函数 $f_0(t,x,u)$ 和状态方程的右端函数 $f(t,x,u)$ 对 u 不可微时，就需要寻找新的方法来求解这类最优控制问题，庞特里亚金提出的最大值原理为求解这类问题提供了一个新方法.

本章介绍庞特里亚金提出的最大值原理及其在最优控制中的应用.

3.1　最大值原理的叙述

本节叙述求解最优控制问题的最大值原理.

3.1.1　初始时刻和终止时刻已定，初端给定，终端自由的最优控制问题

考虑状态方程为定常系统

$$\dot{x}(t)=f(x,u), \tag{3.1.1}$$

目标泛函为终端性能指标

$$J(u(t))=\Phi(x(t_1)), \tag{3.1.2}$$

初始时刻 t_0 和终止时刻 t_1 已定，初端

$$x(t_0) = x_0 \tag{3.1.3}$$

给定,终端自由的最优控制问题.求解该问题的最大值原理为

定理 3.1.1 设 $\Phi(x)$, $f(x,u)$ 及其关于 x 的偏导数 $\frac{\partial \Phi}{\partial x}$, $\frac{\partial f(x,u)}{\partial x}$ 在其定义域内连续.如果 $u^*(t)\in\Omega$ 是使性能指标(3.1.2)在状态约束(3.1.1)下达到最大值的最优控制,$x^*(t)$是相应的最优轨线,则必存在向量函数 $\lambda(t)$ 使得

(a) $\lambda(t)$满足辅助方程

$$\dot{\lambda} = -\frac{\partial H}{\partial x} \tag{3.1.4}$$

和终端条件

$$\lambda(t_1) = \frac{\partial \Phi(x(t_1))}{\partial x(t_1)}. \tag{3.1.5}$$

(b) 控制函数 $u^*(t)$满足

$$H(x^*(t),\lambda(t),u^*(t)) = \max_{u\in U} H(x^*(t),\lambda(t),u(t)). \tag{3.1.6}$$

(c)

$$H(x^*,u^*,\lambda) = H(x^*(t_1),u^*(t_1),\lambda(t_1)) \equiv c, \tag{3.1.7}$$

其中,$H(x,\lambda,u)=\lambda(t)f(x,u)$为哈密顿函数.

注 定理 3.1.1 与变分法的区别仅仅在(b),在变分法中,(b)应为

$$\frac{\partial H}{\partial u} = 0, \tag{3.1.8}$$

(3.1.6)优于(3.1.8)主要表现在下面 3 个方面:

(1) 式(3.1.6)表明,$u^*\in U$ 使哈密顿函数取强极大值,而式(3.1.8)表明,满足(3.1.8)的点仅为哈密顿函数的稳定点.就信息量来说式(3.1.8)远少于式(3.1.6).

(2) 式(3.1.8)对哈密顿函数 H 有光滑性要求,而式(3.1.6)是式(3.1.8)光滑性的放宽.

(3) 式(3.1.6)的最大优点是能够适用于闭集,而式(3.1.8)不适用于闭集.

3.1.2 初始时刻和初端已定,终止时刻不定,终端自由的最优控制问题

考虑状态方程为

$$\dot{x}(t) = f(t,x,u), \tag{3.1.9}$$

目标泛函为终端性能指标

$$J(u(t)) = \Phi(t_1,x(t_1)), \tag{3.1.10}$$

初始时刻 t_0 和初端

$$x(t_0) = x_0 \tag{3.1.11}$$

给定,终止时刻 t_1 不定,终端自由的最优控制问题.求解该问题的最大值原理为

定理 3.1.2 设 $\Phi(t,x)$ 和 $f(t,x,u)$ 关于 t,x 具有连续的一阶偏导数.如果 $u^*(t)\in\Omega$ 和 t_1 是使性能指标(3.1.10)在状态约束(3.1.9)下达到最大值的最优控制,$x^*(t)$是相应的最优轨线,则必存在向量函数 $\lambda(t)$ 使得

(a) $\lambda(t)$满足辅助方程

$$\dot{\lambda} = -\frac{\partial H}{\partial x}$$

和终端条件

$$\lambda(t_1) = \frac{\partial \Phi(t_1, x(t_1))}{\partial x(t_1)}.$$

(b) 控制函数 $u^*(t)$满足

$$H(t,x^*(t),\lambda(t),u^*(t)) = \max_{u\in U} H(t,x^*(t),\lambda(t),u(t)).$$

(c) 哈密顿函数在终止时刻 t_1 的值为

$$H(t_1,x^*(t_1),\lambda(t_1),u^*(t_1)) = -\frac{\partial}{\partial t}\Phi(t_1,x^*(t_1)).$$

(d)

$$\begin{aligned} &H(t,x^*,u^*,\lambda) \\ &= H(t,x^*(t_1),u^*(t_1),\lambda(t_1)) + \int_{t_1}^{t} \frac{\partial}{\partial t} H(s,x^*(s),\lambda(s),u^*(s))\mathrm{d}s, \end{aligned}$$

其中,$H(t,x,\lambda,u)=\lambda(t)f(t,x,u)$为哈密顿函数.

考虑状态方程为

$$\dot{x}(t) = f(x,u), \tag{3.1.12}$$

目标泛函为混合型性能指标

$$J(u(t)) = \Phi(x(t_1)) + \int_{t_0}^{t_1} f_0(t,x(t),u(t))\mathrm{d}t, \tag{3.1.13}$$

初始时刻 t_0 和初端

$$x(t_0) = x_0 \tag{3.1.14}$$

给定,终止时刻 t_1 不定,终端自由的最优控制问题.求解该问题的最大值原理为

定理 3.1.3 设 $\Phi(x)$和 $f(x,u)$关于 x 具有连续的一阶偏导数.如果 $u^*(t)\in\Omega$ 和 t_1 是使性能指标(3.1.12)在状态约束(3.1.13)下达到最大值的最优控制,$x^*(t)$是相应的最优轨线,则必存在向量函数 $\lambda(t)$使得

(a) $\lambda(t)$满足辅助方程

$$\dot{\lambda} = -\frac{\partial H}{\partial x}$$

和终端条件

$$\lambda(t_1) = \frac{\partial \Phi(x(t_1))}{\partial x(t_1)}.$$

(b) 控制函数 $u^*(t)$满足

$$H(x^*(t),\lambda(t),u^*(t)) = \max_{u\in U} H(x^*(t),\lambda(t),u(t)).$$

(c)

$$H(x^*,u^*,\lambda) = H(x^*(t_1),u^*(t_1),\lambda(t_1)) = 0,$$

其中,$H(t,x,\lambda,u)=f_0(x,u)+\lambda^{\mathrm{T}}(t)f(x,u)$为哈密顿函数.

3.1.3 初始时刻和终止时刻已定,初端给定,终端有约束的最优控制问题

考虑状态方程为定常系统

$$\dot{x}(t) = f(x,u), \tag{3.1.15}$$

目标泛函为终端性能指标

$$J(u(t)) = \Phi(x(t_1)), \tag{3.1.16}$$

初始时刻 t_0 和终止时刻 t_1 已定,初端

$$x(t_0) = x_0 \tag{3.1.17}$$

给定,终端约束为

$$h_i(x(t_1)) = 0, \quad i = 1,\cdots,r \tag{3.1.18}$$

的最优控制问题.求解该问题的最大值原理为

定理 3.1.4 设 $\Phi(x)$和 $f(x,u)$关于 x 具有连续的一阶偏导数.如果 $u^*(t)\in\Omega$ 是使性能指标(3.1.16)在状态约束(3.1.15)和终端约束(3.1.18)下达到最大值的最优控制,$x^*(t)$是相应的最优轨线,则必存在向量函数 $\lambda(t)$使得

(a) $\lambda(t)$满足辅助方程

$$\dot{\lambda} = -\frac{\partial H}{\partial x}$$

和终端条件

$$\lambda(t_1) = \frac{\partial \Phi(x(t_1))}{\partial x(t_1)} + \frac{\partial}{\partial x(t_1)}\sum_{i=1}^{r}\mu_i h_i(x(t_1)).$$

(b) 控制函数 $u^*(t)$满足

$$H(x^*(t),\lambda(t),u^*(t)) = \max_{u\in U} H(x^*(t),\lambda(t),u(t)).$$

(c)　$$H(x^*,u^*,\lambda) = H(x^*(t_1),u^*(t_1),\lambda(t_1)) \equiv c,$$

其中，$H(x,\lambda,u)=\lambda(t)f(x,u)$为哈密顿函数.

例 3.1.1　系统的状态方程为

$$\dot{x} = 0.1x + u,$$

控制约束为

$$0 \leqslant u \leqslant 1,$$

初始条件为

$$x(0) = 1.$$

求最优控制 u^* 使性能指标

$$\int_0^{100} x(t)\mathrm{d}t$$

最大.

解　哈密顿函数为

$$H(x,\lambda,u) = x + \lambda(0.1x + u) = (1 + 0.1\lambda)x + \lambda u,$$

根据最大值原理

$$u^* = \begin{cases} 0, & \lambda < 0, \\ 1, & \lambda > 0, \end{cases}$$

状态方程和辅助方程为

$$\begin{aligned} &\dot{x} = 0.1x + u, \\ &\dot{\lambda} = -\frac{\partial H}{\partial x} = -1 - 0.1\lambda, \quad \lambda(100) = 0, \end{aligned}$$

解得

$$\lambda(t) = 10\mathrm{e}^{10-0.1t} - 10 > 0, \quad 0 \leqslant t \leqslant 100,$$

于是最优控制为

$$u^* = 1.$$

最后需要指出的是，最大值原理虽然解决了古典变分法所遇到的困难，但是它也只给出了最优控制问题解的必要条件，而不是充分条件，所以由最大值原理所求的控制函数不一定是最优控制. 因为有可能最优控制根本不存在. 如果最优控制问题的解存在，但是从这个方法得到的控制函数不止一个，就需要进行逐个检验，从中确定出最优控制. 如果该问题的实际物理背景有最优控制，而从最大值原理得到的解又只有一个，那么这个解一定是最优控制.

3.2 最大值原理的证明

本节给出最大值原理的证明，即证明定理 3.1.1，为使证明更简单，对所有的函数附加一些假设，假设如下条件成立：

(i) $f(x,u)$，$\Phi(x)$是自变量的连续函数，$f'_x(x,u)$，$\dfrac{\partial\Phi}{\partial x}$存在且连续.

(ii) $f(x,u)$关于 x 满足 Lipschitz 条件，即当 $U_1\subset U$ 为有界集时，存在一个常数 $a>0$，使得对任意的 $u\in U_1$，只要 $x_1,x_2\in\mathbf{R}^n$，都有

$$|f(x_1,u)-f(x_2,u)|\leqslant a|x_1-x_2|.$$

(iii) Ω 中的函数 u 为分段连续函数，只有第一类间断点.

因为 $u^*(t)$是使泛函 $J[u^*]$取最大值的最优控制，$x^*(t)$是相应于 $u^*(t)$的最优轨迹，所以

$$\begin{aligned}\Delta J&=J[u^*+\Delta u]-J[u^*]\\&=\Phi[x^*(t_1)+\Delta x(t_1)]-\Phi[x^*(t_1)]\\&=\frac{\partial\Phi[x^*(t_1)]}{\partial x(t_1)}\Delta x(t_1)+o(|\Delta x(t_1)|)\geqslant 0.\end{aligned}\tag{3.2.1}$$

又由于状态变量 $x(t)$依赖于控制函数 $u(t)$，从而当 u 有某个改变量 Δu 时，将会引起状态的改变 $\Delta x(t)$，因而要弄清 $\Delta x(t)$和 Δu 的依赖关系，注意到

$$\begin{aligned}\Delta\dot{x}(t)&=f(x^*(t)+\Delta x(t),u^*(t)+\Delta u(t))-f(x^*(t),u^*(t))\\&=\frac{\partial f(x^*(t),u^*(t)+\Delta u(t))}{\partial x}\Delta x(t)\\&\quad+[f(x^*(t),u^*(t)+\Delta u(t))-f(x^*(t),u^*(t))]+o(|\Delta x|)\\&=\frac{\partial f(x^*(t),u^*(t))}{\partial x}\Delta x(t)+[f(x^*(t),u^*(t)+\Delta u(t))-f(x^*(t),u^*(t)]\\&\quad+\left[\frac{\partial f(x^*(t),u^*(t)+\Delta u(t))}{\partial x}-\frac{\partial f(x^*(t),u^*(t))}{\partial x}\right]\Delta x(t)+o(|\Delta x|).\end{aligned}\tag{3.2.2}$$

用 $E(t,s)$表示方程组 $\dot{y}=\dfrac{\partial f(x^*(t),u^*(t))}{\partial x}y$ 满足初值 $y|_{t=s}=I$ 的基本解矩阵，并注意到 $\Delta x(t_0)=0$，积分式(3.2.2)，有

$$\begin{aligned}\Delta x(t)&=\int_{t_0}^{t}E(t,s)[f(x^*(t),u^*(t)+\Delta u(t))-f(x^*(t),u^*(t))]\mathrm{d}s\\&\quad+\int_{t_0}^{t}E(t,s)\left[\frac{\partial f(x^*(t),u^*(t)+\Delta u(t))}{\partial x}-\frac{\partial f(x^*(t),u^*(t))}{\partial x}\right]^{\mathrm{T}}\Delta x(s)\mathrm{d}s\end{aligned}$$

$$+\int_{t_0}^{t} E(t,s)o(|x(s)|)\mathrm{d}s, \tag{3.2.3}$$

将式(3.2.3)中的 t 换成 t_1,并把替代后的表达式代入式(3.2.1),得到

$$\begin{aligned}\Delta J =& \frac{\partial\Phi[x^*(t_1)]}{\partial x(t_1)}\int_{t_0}^{t_1} E(t_1,s)[f(x^*(t),u^*(t)+\Delta u(t))-f(x^*(t),u^*(t))]\mathrm{d}s \\ &+\frac{\partial\Phi[x^*(t_1)]}{\partial x(t_1)}\int_{t_0}^{t_1} E(t_1,s)\left[\frac{\partial f(x^*(t),u^*(t)+\Delta u(t))}{\partial x}\right. \\ &\left.-\frac{\partial f(x^*(t),u^*(t))}{\partial x}\right]\Delta x(s)\mathrm{d}s+\frac{\partial\Phi[x^*(t_1)]}{\partial x(t_1)} \\ &+\int_{t_0}^{t_1} E(t_1,s)o(|x(s)|)\mathrm{d}s+o(|\Delta x(t_1)|),\end{aligned} \tag{3.2.4}$$

下面对 $\Delta x(t)$ 作进一步的估计,首先注意它满足初值问题

$$\begin{cases}\Delta\dot{x}(t)=f(x^*(t)+\Delta x(t),u^*(t)+\Delta u(t))-f(x^*(t),u^*(t)),\\ \Delta x(t_0)=0.\end{cases} \tag{3.2.5}$$

把(3.2.5)中的方程改写成

$$\begin{aligned}\Delta\dot{x}(t)=&f(x^*(t)+\Delta x(t),u^*(t)+\Delta u(t))-f(x^*(t),u^*(t)+\Delta u(t))\\ &+f(x^*(t),u^*(t)+\Delta u(t))-f(x^*(t),u^*(t)),\end{aligned} \tag{3.2.6}$$

对于 $u^*(t)$ 和给定的 $\Delta u(t)$,由于它们都是分段函数,必存在有界的 $U_1\subset U$ 使得 $u^*(t)+\Delta u(t)\in U_1$,对 $t\in[t_0,t_1]$ 根据 f 关于 x 满足 Lipschitz 条件,从而

$$|f(x^*(t)+\Delta x(t),u^*(t)+\Delta u(t))-f(x^*(t),u^*(t)+\Delta u(t))|\leqslant a|\Delta x(t)|, \tag{3.2.7}$$

且由 $f(x,u)$ 关于 u 的连续性,存在 $b(t)>0$ 使

$$|f(x^*(t),u^*(t)+\Delta u(t))-f(x^*(t),u^*(t))|\leqslant b(t),\quad \text{对一切 } t\in[t_0,t_1], \tag{3.2.8}$$

其中,

$$b(t)=\begin{cases}0, & \Delta u(t)=0,\\ b(\text{常数}), & \Delta u(t)\neq 0,\end{cases}$$

于是从式(3.2.6)~(3.2.8)得

$$|\Delta\dot{x}(t)|\leqslant a|\Delta x(t)|+b(t),$$

其中,$|\cdot|$ 为欧几里得范数. 由计算可得估计式

$$\frac{\mathrm{d}|\Delta x|}{\mathrm{d}t}=\frac{\mathrm{d}}{\mathrm{d}t}\Big(\sum_{i=1}^{n}|\Delta x_i|^2\Big)^{\frac{1}{2}}=\frac{\sum_{i=1}^{n}2|\Delta x_i||\Delta\dot{x}_i|}{2|\Delta x|}\leqslant|\Delta\dot{x}|,$$

所以有

$$\frac{\mathrm{d}\mid \Delta x(t)\mid}{\mathrm{d}t} \leqslant a\mid \Delta x(t)\mid + b(t), \tag{3.2.9}$$

由 $\Delta x(t_0)=0$ 得到

$$\mid \Delta x(t)\mid \leqslant \int_{t_0}^{t} \mathrm{e}^{a(t-s)} b(s)\mathrm{d}s. \tag{3.2.10}$$

为了证明式(3.1.6),任选一时刻 $\tau\in[t_0,t_1]$ 和一微量 $\varepsilon>0$,在时间间隔 $[\tau-\varepsilon,\tau]$ 中给最优控制 $u^*(t)$ 一有限大小的改变量 Δu,使得 $u^*+\Delta u\in U$. 现在研究由 Δu 引起的最优轨线 $x^*(t)$ 的变化,分三个阶段

(1) $0\leqslant t\leqslant \tau-\varepsilon$,在这一段中,$\Delta u=0$,因而 $\Delta x=0$.

(2) $\tau-\varepsilon\leqslant t\leqslant\tau$,系统的状态方程(3.1.1)可在初始条件 $x(\tau-\varepsilon)=x^*(\tau-\varepsilon)$ 下直接积分.

当 $u=u^*$ 时,

$$x^*(t) - x^*(\tau-\varepsilon) = \int_{\tau-\varepsilon}^{t} f(x^*, u^*)\mathrm{d}t.$$

当 $u=u^*+\Delta u$ 时,

$$x(t) - x^*(\tau-\varepsilon) = \int_{\tau-\varepsilon}^{t} f(x, u^* + \Delta u)\mathrm{d}t.$$

两式相减,可得这一段的 $\Delta x(t)$

$$\Delta x(t) = \int_{\tau-\varepsilon}^{t} f(x, u^* + \Delta u) - f(x, u^*)\mathrm{d}t. \tag{3.2.11}$$

(3) $\tau\leqslant t\leqslant t_1$,此时 $u=u^*$,系统的状态方程为

$$\dot{x}(t) = f(x,u),$$

而状态变量的变分 $\Delta x(t)$ 满足方程

$$\Delta\dot{x} = \left.\frac{\partial f}{\partial x}\right|_{u=u^*} \cdot \Delta x. \tag{3.2.12}$$

引入变量 $\lambda^*(t)$ 和哈密顿函数

$$H(x,u^*,\lambda^*) = \lambda^{*\mathrm{T}} f(x,u^*), \tag{3.2.13}$$

$$\dot{\lambda}^* = -\left.\frac{\partial H}{\partial x}\right|_{\substack{u=u^*\\ \lambda=\lambda^*}} = -\left.\frac{\partial f^{\mathrm{T}}}{\partial x}\right|_{u=u^*}\lambda^*, \tag{3.2.14}$$

$$\lambda^*(t_1) = \frac{\partial\phi(x(t_1))}{\partial x(t_1)}. \tag{3.2.15}$$

由微分方程初值问题解的存在唯一性定理,$\lambda^*(t)$ 存在.

显然，方程(3.2.12)和(3.2.14)为共轭方程，求积分得

$$\lambda^{*\mathrm{T}}(t)\Delta x(t) = \mathrm{const}, \tag{3.2.16}$$

即

$$\lambda^{*\mathrm{T}}(\tau)\Delta x(\tau) = \lambda^{*\mathrm{T}}(t_1)\Delta x(t_1).$$

根据(3.2.10)和 Δu 的定义，得到 $\Delta x(t_1)=o(\varepsilon)$，

$$f(x,u^* + \Delta u) = f(x^*,u^* + \Delta x) + \left.\frac{\partial f}{\partial x}\right|_{x=x^*}\Delta x,$$

再利用(3.2.11)知

$$\Delta x(\tau) = [f(x^*,u^* + \Delta u) - f(x^*,u^*)]\,|_{t=\tau}\,\varepsilon + o(\varepsilon), \tag{3.2.17}$$

由(3.2.1)、(3.2.15)和(3.2.11)，得到

$$\begin{aligned}\Delta J &= \lambda^{*\mathrm{T}}(t_1)\Delta x(t_1) + o(\varepsilon) = \lambda^{*\mathrm{T}}(\tau)\Delta x(\tau) + o(\varepsilon)\\ &= [\lambda^{*\mathrm{T}} f(x^*,u^* + \Delta u) - \lambda^{*\mathrm{T}} f(x^*,u^*)]\,|_{t=\tau}\,\varepsilon + o(\varepsilon) \gg 0.\end{aligned}$$

已知 $\tau\in[t_0,t_1]$中的任意时刻，并以 u 表示 $u^*+\Delta u$，当 $\varepsilon\to 0$ 时上式变为

$$\lambda^{*\mathrm{T}} f(x^*,u^*) \leqslant \lambda^{*\mathrm{T}} f(x^*,u), \quad u\in\Omega, t\in[t_0,t_1].$$

由哈密顿函数的表达式(3.2.13)可得

$$H(x^*,u^*,\lambda^*) \leqslant H(x^*,u,\lambda^*), \quad u\in\Omega, \tag{3.2.18}$$

或

$$H(x^*,u^*,\lambda^*) = \min_{u\in\Omega} H(x^*,u,\lambda^*).$$

现在证明(iii)，即 $H(x^*(t),\lambda(t),u^*(t))\equiv$常数.

为此，记

$$H(t) = H(x^*(t),\lambda(t),u^*(t)),$$
$$H_u(t) = H(x^*(t),\lambda(t),u(t)),$$

于是，式(3.1.5)可以写成

$$H(t) = \max_{u\in U} H_u(t),$$

即函数 $H(t)$是函数族$\{H_u(t),u\in U\}$的上界函数，且对任意固定的 τ 有 $\tau\in[t_0,t_1]$，有 $H(\tau)=H_{u^*(\tau)}(\tau)$.

记$U^*=\{u:u=u^*(t),t\in[t_0,t_1]\}$，则由 $u^*(t)$的分段连续性，U^* 为 U 的有界子集. 显然，

$$H(t) = \max_{u\in U} H_u(t) = \max_{u\in U^*} H_u(t),$$

对每一个固定的 $u\in U$，函数 $H_u(t)$ 是连续可微的，且微商为

$$\begin{aligned}\frac{\mathrm{d}}{\mathrm{d}t}H_u(t)&=\frac{\mathrm{d}}{\mathrm{d}t}[\lambda^{\mathrm{T}}(t)f(x^*(t),u)]\\&=\lambda^{\mathrm{T}}(t)\frac{\partial f(x^*(t),u)}{\partial x}\dot{x}^*(t)+\dot{\lambda}^{\mathrm{T}}(t)f(x^*(t),u)\\&=\lambda^{\mathrm{T}}(t)\left[\frac{\partial f(x^*(t),u)}{\partial x^{\mathrm{T}}}f(x^*(t),u^*(t))-\frac{\partial f(x^*(t),u^*(t))}{\partial x^{\mathrm{T}}}f(x^*(t),u)\right],\end{aligned}$$

因此，对于每个固定的 $\tau\in[t_0,t_1]$，取 $u=u^*(t)$，得到

$$\frac{\mathrm{d}}{\mathrm{d}t}H_{u^*(t)}(t)=0.$$

设 τ 为 $u^*(t)$ 的某个连续点，那么只要 s 充分接近 τ，根据连续性就有

$$\left|\left[\frac{\mathrm{d}}{\mathrm{d}t}H_{u^*(t)}(t)\right]_{t=\tau}\right|<\varepsilon, \tag{3.2.19}$$

其中，$\varepsilon>0$ 是充分小的正数. 根据 $f(x,u)$ 和 $\dfrac{\partial f(x,u)}{\partial x^{\mathrm{T}}}$ 的连续性以及 $u^*(t)$ 的有界性，存在常数 $k>0$ 使得

$$\left|\frac{\mathrm{d}}{\mathrm{d}t}H_u(t)\right|<k,\quad t\in[t_0,t_1],\quad u\in U^*,$$

从而对任意的 τ 和 s 有

$$|H_u(s)-H_u(\tau)|<k|s-\tau|,\quad 对\ \forall u\in U^*.$$

根据式(3.2.18)，有

$$\begin{aligned}H(s)-H(\tau)&=H_{u^*(s)}(s)-H_{u^*(\tau)}(\tau).\\&\geqslant H_{u^*(\tau)}(s)-H_{u^*(\tau)}(\tau)\\&\geqslant -k|s-\tau|.\end{aligned}$$

同理可得

$$\begin{aligned}H(s)-H(\tau)&\leqslant H_{u^*(s)}(s)-H_{u^*(s)}(\tau)\\&\leqslant k|s-\tau|,\end{aligned}$$

因而，

$$-k|s-\tau|<H(s)-H(\tau)<k|s-\tau|, \tag{3.2.20}$$

$$H_{u^*(\tau)}(s)-H_{u^*(\tau)}(\tau)\leqslant H(s)-H(\tau)\leqslant H_{u^*(s)}(s)-H_{u^*(s)}(\tau). \tag{3.2.21}$$

由式(3.2.20)可知 $H(t)$ 是绝对连续的. 由式(3.2.21)可以得到

$$\left|\frac{H(s)-H(\tau)}{s-\tau}\right|\leqslant\max\left\{\left|\frac{H_{u^*(\tau)}(s)-H_{u^*(\tau)}(\tau)}{s-\tau}\right|,\left|\frac{H_{u^*(s)}(s)-H_{u^*(s)}(\tau)}{s-\tau}\right|\right\}.$$

因为 τ 是 $u^*(t)$ 的连续点，则由 $u^*(t)$ 的分段连续性，只要 s 充分接近 τ，那么 s 也是 $u^*(t)$ 的连续点，因此根据(3.2.19)和(3.2.21)可知，只要 s 充分接近 τ，就有

$$\left|\frac{H(s)-H(\tau)}{s-\tau}\right|<\varepsilon.$$

这就是说明 $H(t)$ 在 $u^*(t)$ 的每个连续点上都可微，且其微商为零，并且已知 $H(t)$ 是绝对连续，故 $H(t)$ 在整个区间 $[t_0, t_1]$ 上恒为常数. 定理证毕.

3.3　最大值原理的应用举例

例 3.3.1　基金的最优管理问题.

基金会得到一笔 60 万元的基金，现将这笔款存入银行，年利率为 10%，该基金计划用 80 年，80 年后要求只剩 0.5 万元用作处理该基金会的结束事宜. 根据基金会的需要，每年至少支取 5 万元至多支取 10 万元作为某种奖金. 我们的问题是制定该基金的最优管理策略，即每年支取多少元才能使基金会在 80 年中从银行取出的总金额最大.

用 $x(t)$ 表示第 t 年存入银行的总钱数，$u(t)$ 第 t 年支取的钱数，则该问题的状态方程为

$$\dot{x}(t)=rx(t)-u(t),\quad r=0.1,$$

初值和终值分别为

$$x(0)=60,\quad x(80)=0.5,$$

控制约束条件为

$$5\leqslant u(t)\leqslant 10,$$

目标泛函即性能指标为

$$J(u)=\int_0^{80}u(t)\mathrm{d}t.$$

从而，基金的最优管理问题就是求满足约束条件的 $u(t)$ 使 $J(u)$ 取最大值. 用最大值原理求解这个最优控制问题.

哈密顿函数为

$$H(x,\lambda,u)=u+\lambda(rx-u)=r\lambda x+(1-\lambda)u.$$

根据最大值原理，$u^*(t)$ 应使哈密顿函数达到最大值，因此

$$u^*(t)=\begin{cases}5, & 1-\lambda<0,\\ 10, & 1-\lambda>0,\end{cases}$$

状态方程和辅助方程为

$$\dot{x} = rx - u,\quad x(0) = 60,\quad x(80) = 0.5,$$
$$\dot{\lambda} = -\frac{\partial H}{\partial x} = -r\lambda,$$

于是

$$\lambda(t) = \lambda(0)\mathrm{e}^{-rt}.$$

如果 $\lambda(0)<1$,那么 $1-\lambda(t)=1-\lambda(0)\mathrm{e}^{-rt}>0$,由 $u^*(t)$的表达式可知

$$u^*(t) \equiv 10,\quad 0 \leqslant t \leqslant 80,$$

这与实际不符,从而 $\lambda(0)>1$,因此 $\lambda(t)$将由大于 1 单调下降到小于 1,设 $\lambda(\bar{\tau})=1$,则最优管理策略为

$$u^*(t) = \begin{cases} 5, & 0 \leqslant t \leqslant \bar{\tau}, \\ 10, & \bar{\tau} \leqslant t \leqslant 80, \end{cases}$$

于是由状态方程可得

$$x^*(t) = c\mathrm{e}^{rt} + \frac{10}{r} = c\mathrm{e}^{0.1t} + 100,\quad \bar{\tau} \leqslant t \leqslant 80,$$

由边界条件 $x(80)=0.5$,得

$$c = \mathrm{e}^{-8}(0.5 - 100) = -99.5\mathrm{e}^{-8},$$

因此

$$x^*(t) = c\mathrm{e}^{rt} + \frac{10}{r} = c\mathrm{e}^{0.1t} + 100 = -99.5\mathrm{e}^{-8+0.1t} + 100,\quad \bar{\tau} \leqslant t \leqslant 80.$$

由状态方程和初始条件 $x(0)=60$,得

$$x^*(t) = 10\mathrm{e}^{0.1t} + 50,\quad 0 \leqslant t \leqslant \bar{\tau},$$

于是

$$x^* = \begin{cases} 10\mathrm{e}^{0.1t} + 100, & 0 \leqslant t \leqslant \bar{\tau}, \\ -99.5\mathrm{e}^{-8+0.1t} + 100, & \bar{\tau} \leqslant t \leqslant 80. \end{cases}$$

由连续性,有

$$10\mathrm{e}^{0.1t} + 50 = -99.5\mathrm{e}^{-8+0.1t} + 100,$$

解得

$$\bar{\tau} = 10\ln\frac{50}{10 + 99.5\mathrm{e}^{-8}} \approx 16.06.$$

故最优管理策略为

$$u^*(t) = \begin{cases} 5, & 0 \leqslant t \leqslant 16.06, \\ 10, & 16.6 \leqslant t \leqslant 80, \end{cases}$$

即最优管理策略是:在 16 年以前每年支取 5 万元,16 年以后每年支取 10 万元,共支取 720 万元.

例 3.3.2　具有理想的生产和库存问题.

考虑在时间区间 $[0,T]$ 上对商品的生产和库存的控制,用 $d(t)$ 表示 t 时刻对这些商品的需求率,$u(t)$ 为 t 时刻的生产率,那么库存量 $x(t)$ 的变化率为

$$\begin{cases}\dot{x}(t)=u(t)-d(t), & 0\leqslant t\leqslant T,\\ x(0)=x_0.\end{cases} \tag{3.3.1}$$

假设某公司对生产和库存要求的理想数值分别为 $u_d(t)$ 和 $x_d(t)$,$0\leqslant t\leqslant T$,为了克服 u 和 x 离开理想数值的偏差,需要提出下面的性能指标泛函:

$$J[u]=\int_0^T\{c[u(t)-u_d(t)]^2+h[x(t)-x_d(t)]^2\}\mathrm{d}t, \tag{3.3.2}$$

其中,$c,h>0$ 为常数,于是最优控制问题就是满足约束(3.3.1)使 $J[u]$ 达到最小值.由于实际问题的需要要求 $x(t)\geqslant 0$,$u(t)\geqslant 0$,这时假设 x_d,u_d 适当地大,使泛函(3.3.2)的最小值保持在 $x\geqslant 0$,$u\geqslant 0$ 的范围内.

解　这个问题的哈密顿函数是

$$H(x,u,\lambda)=-c(u-u_d)^2-h(x-x_d)^2+\lambda(u-d),$$

辅助函数为

$$\dot{\lambda}=-\frac{\partial h}{\partial x}=2h(x-x_d),\quad \lambda(T)=0. \tag{3.3.3}$$

因为在这个最优控制中,对 u 的值域没有任何限制.由最大值原理可知

$$\frac{\partial H}{\partial u}=-2c(u-u_d)+\lambda=0,$$

即

$$u^*(t)=\frac{\lambda(t)}{2c}+u_d(t),\quad 0\leqslant t\leqslant T. \tag{3.3.4}$$

将(3.3.4)代入(3.3.1)得到

$$\begin{cases}\dot{x}^*(t)=\dfrac{\lambda(t)}{2c}+u_d-d(t), & 0\leqslant t\leqslant T,\\ x^*(0)=x_0.\end{cases} \tag{3.3.5}$$

(3.3.5)和(3.3.3)组成一个关于最优轨线和辅助变量的两点边值问题,不直接求解这个问题,而设法求辅助变量的如下形式的解:

$$\lambda(t)=a(t)+b(t)x^*(t),\quad t\geqslant 0, \tag{3.3.6}$$

其中,$a(t)$ 和 $b(t)$ 是待定函数,这种做法的优点在于,一旦函数 $a(t)$ 和 $b(t)$ 确定了,

关系式(3.3.4)和(3.3.6)就给出了反馈形式的最优控制，微商式(3.3.6)得到

$$\dot{\lambda}(t) = \dot{a} + \dot{b}\,x^* + b\dot{x}^*, \tag{3.3.7}$$

用(3.3.5)和(3.3.3)去替代(3.3.7)中的 $\dot{x}^*$ 和 $\dot{\lambda}$，则有

$$2h(x^* - x_d) = \dot{a} + \dot{b}\,x^* + b\left(\frac{\lambda(t)}{2c} + u_d - d(t)\right), \tag{3.3.8}$$

将(3.3.6)代入(3.3.8)，并消去 $\lambda(t)$，对一切 $0\leqslant t\leqslant T$，得到包含待定函数 $a(t)$ 和 $b(t)$ 的微分方程

$$\dot{a} + b(u_d - d) + 2hx_d + \frac{ba}{2c} + \left(\dot{b} + \frac{b^2}{2c} - 2h\right)x^*(t) = 0, \tag{3.3.9}$$

为了确定 a 和 b，让它们满足

$$\dot{b} + \frac{b^2}{2c} - 2h = 0, \tag{3.3.10}$$

$$\dot{a} + b(u_d - d) + 2hx_d + \frac{ba}{2c} = 0, \tag{3.3.11}$$

与此同时式(3.3.9)也得到满足，根据 $\lambda(T)=0$，不失一般性，可设

$$b(T) = 0, \quad a(T) = 0,$$

式(3.3.10)是关于 b 的里卡蒂方程，通过变换 $b(t)=2c\,\dfrac{\dot{\xi}}{\xi}$ 可化为

$$2c\ddot{\xi} - 2h\xi = 0, \quad \xi(T) = 1, \quad \dot{\xi}(T) = 0, \tag{3.3.12}$$

容易求得其解为 $\mathrm{ch}\left(\sqrt{\dfrac{h}{c}}(T-t)\right)$，因此

$$b(t) = -2c\sqrt{\frac{h}{c}}\cdot \mathrm{th}\left(\sqrt{\frac{h}{c}}(T-t)\right), \quad 0\leqslant t\leqslant T. \tag{3.3.13}$$

当将(3.3.13)代入(3.3.11)就得到一个关于 a 的线性微分方程. 这个方程可以用变动参数法求解.

为了简单起见，选择一种常见的特殊情况，即 $u_d(t)=d(t)$，$x_d(t)=C_d$(常数). 这种情况的现实意义是当库存量保持一个常数 C_d 时，公司希望有一个与需求量相匹配的生产量. 此时 a 满足：

$$\dot{a} + \frac{b(t)}{2c}a + 2hC_d = 0, \quad a(T) = 0,$$

所以

$$a(t) = \exp\left\{-\int_T^t \frac{b(\tau)}{2c}\mathrm{d}\tau\right\}\left(\int_T^t (-2hC_d)\exp\left\{\int_T^s \frac{b(\tau)}{2c}\mathrm{d}\tau\right\}\mathrm{d}s\right)$$

$$= 2c\sqrt{\frac{h}{c}}C_d\,\mathrm{th}\left(\sqrt{\frac{h}{c}}(T-t)\right), \tag{3.3.14}$$

将(3.3.14)和(3.3.13)代入(3.3.4)得反馈控制

$$u^*(t,x) = d(t) + \sqrt{\frac{h}{c}}(C_d - x^*)\,\mathrm{th}\left(\sqrt{\frac{h}{c}}(T-t)\right), \quad 0 \leqslant t \leqslant T. \tag{3.3.15}$$

于是得出结论:最优控制等于需求率加上一个库存修正因子.

将(3.3.15)代入(3.3.1),得到

$$\dot{x} = -\sqrt{\frac{h}{c}}\,\mathrm{th}\left(\sqrt{\frac{h}{c}}(T-t)\right)x + C_d\sqrt{\frac{h}{c}}\,\mathrm{th}\left(\sqrt{\frac{h}{c}}(T-t)\right), \tag{3.3.16}$$

不难看出 $x=C_d$ 是微分方程(3.3.16)的解,相应的齐次方程的通解为

$$\begin{aligned} x(t) &= C\exp\left\{-\int\sqrt{\frac{h}{c}}\,\mathrm{th}\left(\sqrt{\frac{h}{c}}(T-t)\right)\mathrm{d}t\right\} \\ &= C\cdot\mathrm{ch}\left(\sqrt{\frac{h}{c}}(T-t)\right), \end{aligned}$$

代入初值 $x(0)=x_0$,则得到

$$x^*(t) = C_d + \frac{x_0 - C_d}{\mathrm{ch}(\sqrt{h/c}T)}\mathrm{ch}\left(\sqrt{\frac{h}{c}}(T-t)\right), \quad 0 \leqslant t \leqslant T. \tag{3.3.17}$$

例 3.3.3　登月问题.

设 $h(t)$,$v(t)$,$u(t)$分别表示艇距月球表面的距离,艇的速度和艇上火箭的推力,y 表示月球上的重力加速度,$m(t)$为艇的质量,m 表示艇不装燃料时的质量,F 表示燃料的初始质量,则登月问题可表述如下最优控制问题:

求满足状态方程

$$\begin{cases} \dot{h} = v(t), \\ \dot{v} = -g + \dfrac{u(t)}{m(t)}, \\ \dot{m} = -km(t) \end{cases}$$

和边界条件

$$\begin{aligned} &h(0) = h_0, \quad v(0) = v_0, \quad m(0) = m + F, \\ &h(t_1) = 0, \quad v(t_1) = 0, \quad m(t_1) > 0 \text{ 自由} \end{aligned}$$

以及控制约束

$$0 \leqslant u(t) \leqslant 1$$

的 $u^*(t)$,使得

$$J(u) = \int_0^{t_1} u(t)\,\mathrm{d}t$$

取最小值.

解 设

$$H = -u + \lambda_1 v + \lambda_2\left(-g + \frac{u}{m}\right) - k\lambda_3 u$$
$$= \left(\frac{\lambda_2}{m(t)} - 1 - k\lambda_3\right)u + \lambda_1 v - g\lambda_2,$$

则根据最大值原理

$$\dot{\lambda}_1 = -\frac{\partial H}{\partial h} = 0, \quad \dot{\lambda}_2 = -\frac{\partial H}{\partial v} = -\lambda_1, \quad \dot{\lambda}_3 = -\frac{\partial H}{\partial m} = \frac{1}{m^2}\lambda_2 u,$$

又 $m(t_1)$自由,故边界条件为 $\lambda_3(t_1)=0$,于是

$$\lambda_1 = c_1, \quad \lambda_2 = -c_1 t + c_2.$$

由 $u^*(t)$使 H 取最大值,故

$$u^*(t) = \begin{cases} 1, & r(t) < 0, \\ 0, & r(t) > 0, \end{cases}$$

其中,$r(t)=1-\dfrac{\lambda_2(t)}{m(t)}+k\lambda_3(t)$(换接函数).

考虑问题的物理意义,应有最大推力大于重力,即 $1>(M+F)g$,所以不可能在$[0,t_1]$上恒有 $r(t)<0$. 否则,$u^*(t)\equiv 1$,这时艇将越来越远离月球,不能登月,也不可能在$[0,t_1]$上恒有 $r(t)>0$,否则 $u^*(t)\equiv 0$,此时艇不能软着陆,谈不上安全. 我们期望最优控制首先是一段自由落体时期($u^*\equiv 0$),接着在最大推力($u^*\equiv 1$)作用下安全着陆,而 $r(t^*)=0$ 的根($0<t^*<t_1$)是 $u^*(t)$由 0 换到 1 的时刻,易知 $r(t)$是严格单调的,故换接次数仅一次. 事实上,

$$\dot{r}(t) = \frac{\lambda_2 \dot{m}}{m^2} - \frac{\dot{\lambda}_2}{m} + k\dot{\lambda}_3,$$

将 $\dot{m}(t)=-ku(t)$,$\dot{\lambda}_2=-\lambda_1$,$\dot{\lambda}_3=\dfrac{1}{m^2}\lambda_2 u$ 代入

$$\dot{r}(t) = \frac{-\lambda_2 k u}{m^2} - \frac{\dot{\lambda}_2}{m} + \frac{1}{m^2}\lambda_2 u = \frac{\lambda_1}{m(t)},$$

又 $\lambda_1(t)\equiv c_1$,故 $\dot{r}(t)$定号. 若不然 $\lambda_1\equiv 0$,则 $\lambda_2\equiv c_2$,而由 $\dot{r}(t)=0$,可得 $r(t)\equiv 0$,又由于

$$0 = r(t_1) = 1 - \frac{c_2}{m(t_1)} + 0,$$

故有 $m(t_1)=\lambda_2=c_2$.

又 $H|_{t_1}=0=-m(t_1)g, m(t_1)=0$ 矛盾.

在$[0,\xi]$上，$u^*=0$，由状态方程及初始条件可得

$$\begin{aligned} m(t) &= m + F, \\ v(t) &= -gt + v_0, \\ h(t) &= -\frac{1}{2}gt^2 + v_0 t + h_0, \end{aligned}$$

在$[\xi, t_1]$上，由状态的连续性可得初始条件

$$\begin{cases} m(\xi) = m + F, \\ v(\xi) = -g\xi + v_0, \\ h(\xi) = -\dfrac{1}{2}g\xi^2 + v_0\xi + h_0. \end{cases} \tag{3.3.18}$$

由 $u^*\equiv 1$ 和状态方程可得

$$\begin{aligned} m(t) &= m + F + k(\xi - t), \\ v(t) &= v(\xi) + g(\xi - t) + \frac{1}{k}\ln\frac{m+F}{m+F+k(\xi-t)}, \\ h(t) &= h(\xi) + \frac{1}{2}g(\xi-t)^2 + \frac{1}{k}(t-\xi) + \frac{m+F}{k^2}\ln\frac{m+F+k(\xi-t)}{m+F}. \end{aligned}$$

再由 $v(t_1)=h(t_1)=0$，$m(t_1)$未知，可得

$$\begin{cases} v(\xi) = g(t_1-\xi) + \dfrac{1}{k}\ln\dfrac{m+F}{m+F+k(\xi-t_1)}, \\ h(\xi) = -\dfrac{1}{2}g(\xi-t)^2 - \dfrac{1}{k}(t_1-\xi) - \dfrac{m+F}{k^2}\ln\dfrac{m+F+k(\xi-t_1)}{m+F}. \end{cases} \tag{3.3.19}$$

由(3.3.18)、(3.3.19)可得到 t_1 与 ξ 的二元方程组，求解即得 ξ 和 t_1.

若用近似公式

$$\ln\left(1-\frac{k(t_1-\xi)}{m+F}\right) \approx -\frac{k(t_1-\xi)}{m+F} - \frac{k^2(t_1-\xi)^2}{2(m+F)^2},$$

则(3.3.19)可化为

$$\begin{cases} h(\xi) = a(t_1-\xi)^2, \\ v(\xi) = -2a(t_1-\xi) - b(t_1-\xi)^2, \end{cases} \tag{3.3.20}$$

其中，$a=\dfrac{1}{2}\dfrac{1-g(m+F)}{m+F}$，$b=\dfrac{1}{2}\dfrac{k}{(m+F)^2}$，由(3.3.18)和(3.3.20)可近似解出 t_1

与 ξ.

例 3.3.4 生产与消费问题.

设 $x(t)$表示总产值，$u(t)$表示用于扩大再生产的投资比例，$0\leqslant u(t)\leqslant 1$. $1-u(t)$表示用于消费的比例，假设产值的增长与投资额成正比，不妨设比例为 1，则

$$\dot{x}=ux,\quad x(0)=x_0\geqslant 0,$$

问题是寻求在一个计划周期$[0,T]$内的控制 $u(t)$，使得消费总额最大. 此最优控制问题的状态方程为

$$\begin{aligned}&\dot{x}=ux,\\&x(0)=x_0\geqslant 0,\\&x(T)\ \text{自由}.\end{aligned}$$

在 $u\in[0,1]$下，求使

$$J=\int_0^T(1-u)x\mathrm{d}t$$

达到最大值的 u^*.

解 哈密顿函数为

$$H=(1-u)x+\lambda ux=x+(\lambda-1)ux,$$

由于 $0\leqslant\dot{x}\leqslant x$，故 $0\leqslant x_0\leqslant x(t)\leqslant x_0\mathrm{e}^t$，可见 $x(t)\geqslant 0$. 根据最大值原理，$u^*\in[0,1]$使 H 取最大值，因此，

$$u^*(t)=\begin{cases}1,&\lambda(t)-1>0,\\0,&\lambda(t)-1<0.\end{cases}$$

换接函数 $\xi=\lambda(t)-1$，换接点 $\bar{t}$ 满足 $\lambda(\bar{t})=1$.

辅助方程为

$$\begin{aligned}&\dot{\lambda}=-\frac{\partial H}{\partial x}=-1+u-\lambda u=(1-\lambda)u-1=-\lambda u+u-1,\\&\lambda(T)=0.\end{aligned}$$

由 $\lambda(t)$的连续性和 $\lambda(T)=0<1$ 知，在末端的一个小区间内应取 $u^*=0$. 在$[\varepsilon,T]$上 $u^*=0$，由 $\dot{\lambda}=-1$，$\lambda(T)=0$ 知 $\lambda(t)=T-t$，这个递减的线性函数只能一次达到值 1，此时 $\lambda(\varepsilon)=1=T-\varepsilon$，$\varepsilon=T-1$，从而$[T-1,T]$上 $u^*=0$.

当 $T<1$，则 $u^*=0$，即全部用于消费上，是一种短期行为.

若 $T>1$，考虑换接的情形，在$(\delta,T-1)$上 $u^*\equiv 1$(考虑 $u^*=0$，$\lambda(t)>1$ 矛盾)，由 $\dot{\lambda}=-\lambda$，$\lambda(T-1)$知 $\lambda(t)=\mathrm{e}^{T-1-t}$，这个递减函数只在 $T-1$ 时取值为 1，其余均大于 1，故 $T-1$ 时刻前不能再换接，从而 $\delta=0$，于是

$$u^* = \begin{cases} 1, & [0, T-1], \\ 0, & (T-1, T], \end{cases}$$

即$[0,T-1]$上全部用于投资,$(T-1,T]$上全部用于消费.

例 3.3.5 电梯快速升降问题.

设有一部运送货物的电梯,它由可逆电机带动,欲使它从底层升到第八层楼,问题是如何开动电梯,才能使电梯以最快的速度到达第八层楼.

假设没有阻力,电梯的重量已被平衡,此时,电梯的升降仅受电机主动力 $p(t)$ 的作用,其大小是可控制的,并受到限制.取电梯向上运动的方向为坐标轴 x 的正向,第八层楼为坐标原点,m 是电梯的质量,并令 $u(t)=\frac{1}{m}p(t)$,根据牛顿第二定律,有

$$\ddot{x}(t) = u(t), \tag{3.3.21}$$

通常要求控制力在数量上是有界的,不妨设

$$|u(t)| \leqslant 1. \tag{3.3.22}$$

电梯快速升降问题可以表述为下述最优控制问题:

在约束条件(3.3.22)的约束下,求一个控制函数 $u(t)$,使得状态方程(3.3.21)满足初始条件

$$x(0) = -8, \quad \dot{x}(0) = 0 \tag{3.3.23}$$

的解 $x(t)$在最短时间内转移到终端状态

$$x(t_1) = 0, \quad \dot{x}(t_1) = 0. \tag{3.3.24}$$

用 $x_1=x, x_2=\dot{x}$ 分别表示电梯的位移和速度,则控制系统的状态方程可表为方程组的形式

$$\begin{cases} \dot{x}_1 = x_2, \\ \dot{x}_2 = u, \end{cases} \tag{3.3.25}$$

初始条件和终端条件变为

$$x_1(0) = -8, \quad x_2(0) = 0, \tag{3.3.26}$$

$$x_1(t_1) = 0, \quad x_2(t_1) = 0, \tag{3.3.27}$$

控制系统的性能指标为

$$J[u] = \int_0^{t_1} \mathrm{d}t, \tag{3.3.28}$$

其中,终止时刻 t_1 不定.

这样,电梯快速升降的最优控制问题还可表述为

求满足控制约束(3.3.22)和状态方程及其边值条件(3.3.25)～(3.3.27),并使性能指标(3.3.28)取最小值的最优控制 $u^*(t)$和终止时刻 t_1.

应用最大值原理求解上述最优控制问题,哈密顿函数为

$$H(x_1,x_2,\lambda_1,\lambda_2,u)=-1+\lambda_1x_2+\lambda_2u,$$

根据最大值原理,最优函数 $u^*(t)$满足

$$H(x_1^*,x_2^*,\lambda_1,\lambda_2,u^*)=\max_{|u|\leqslant 1}H(x_1^*,x_2^*,\lambda_1,\lambda_2,u),$$

所以

$$u^*(t)=\begin{cases}1, & \lambda_2(t)>0,\\ -1, & \lambda_2(t)<0,\end{cases}$$

辅助方程为

$$\dot{\lambda}_1=-\frac{\partial H}{\partial x_1}=0,$$

$$\lambda_2=-\frac{\partial H}{\partial x_2}=-\lambda_1,$$

求解得

$$\lambda_1=c_1,$$

$$\lambda_2=-c_1t+c_2,$$

其中,c_1,c_2 是待定常数,$\lambda_2=-c_1t+c_2$ 称为换接函数.

根据问题的物理意义知道,在$[0,t_1]$上不可能恒有 $\lambda_2<0$,若不然,恒有 $u^*(t)=-1$,电梯不可能上升;在$[0,t_1]$上也不可能恒有 $\lambda_2>0$,若不然,恒有 $u^*(t)=1$,电梯不可能在 t_1 时刻停在第八层楼.因此,有理由期望最优控制先从 0 到 $\hat{t}$ 时刻以最大能力 $u^*(t)=1$ 作用于电梯使其快速上升,接着从 $\hat{t}$ 开始使电梯减速,即 $u^*(t)=-1$,使电梯到第八层楼时恰好速度为 0.时刻 $\hat{t}$ 称为换接(或开关)时间,它应满足

$$\lambda_2(\hat{t})=-c_1\hat{t}+c_2=0.$$

由于 $\lambda_2=-c_1t+c_2$ 是一条直线,所以可以断定换接次数仅有一次.因 λ_1,λ_2 的边界条件未知,故很难立刻求得 $\hat{t}$ 和 t_1.下面讨论在轨道的两部分上状态方程的解.在$[0,\hat{t}]$上,$u^*(t)=1$,由状态方程(3.3.25)和初始条件(3.3.26)可得

$$x_2(t)=t,$$

$$x_1(t)=\frac{1}{2}t^2-8,$$

由状态 $x_1(t),x_2(t)$在 $\hat{t}$ 的连续性,有

$$\begin{cases} x_2(\hat{t}) = \hat{t}, \\ x_1(\hat{t}) = \dfrac{1}{2}\hat{t}^2 - 8, \end{cases} \tag{3.3.29}$$

在$[\hat{t}, t_1]$上,$u^*(t)=-1$,由状态方程(3.3.25)和初始条件(3.3.29)可得

$$x_2(t) = x_2(\hat{t}) + \hat{t} - t,$$

$$x_1(t) = x_1(\hat{t}) + x_2(\hat{t})(t-\hat{t}) - \frac{1}{2}(t-\hat{t})^2,$$

由终端条件(3.3.27)可得

$$\begin{cases} x_2(\hat{t}) = t_1 - \hat{t}, \\ x_1(\hat{t}) = -\dfrac{1}{2}(t_1 - \hat{t})^2, \end{cases} \tag{3.3.30}$$

由(3.3.29)和(3.3.30)消去 $x_1(\hat{t}), x_2(\hat{t})$可得

$$\hat{t} = t_1 - \hat{t},$$

$$\frac{1}{2}\hat{t}^2 - 8 = -\frac{1}{2}(t_1 - \hat{t})^2,$$

求解上述代数方程组,可得

$$t_1 = 4\sqrt{2}, \quad \hat{t} = 2\sqrt{2},$$

于是

$$u^*(t) = \begin{cases} 1, & 0 \leqslant t \leqslant 2\sqrt{2}, \\ -1, & 2\sqrt{2} \leqslant t \leqslant 4\sqrt{2}. \end{cases} \tag{3.3.31}$$

式(3.3.31)是分段为常值的 Bang-Bang 控制,它是关于时间 t 的开关函数,这种控制方案对操纵电梯的人来说是很不方便的,我们称它为开环控制.更为有用的问题是寻求一个反馈(或闭环)控制.

x_1, x_2 分别表示电梯的位移和速度函数,若找到反馈控制 $u^*=u^*(x_1, x_2)$,操纵电梯就方便了.下面我们就来寻求一个反馈(或闭环)控制 $u^*=u^*(x_1, x_2)$.

在轨道的第二部分上,$t\in[2\sqrt{2}, 4\sqrt{2}]$,$u^*(t)=-1$,从而

$$\dot{x}_1 = x_2,$$

$$\dot{x}_2 = -1,$$

消去时间变量 t,有

$$\frac{\mathrm{d}x_1}{\mathrm{d}x_2} = -x_2,$$

其解为

$$x_1 = -\frac{1}{2}x_2^2 + c,$$

因为上述相轨线要经过原点(0,0),故 $c=0$,于是

$$x_1 = -\frac{1}{2}x_2^2. \tag{3.3.32}$$

在轨道的第一部分上,$t\in[0,2\sqrt{2}]$,$u^*(t)=1$,从而

$$\dot{x}_1 = x_2,$$
$$\dot{x}_2 = 1,$$

消去时间变量 t,有

$$\frac{\mathrm{d}x_1}{\mathrm{d}x_2} = -x_2,$$

其解为

$$x_1 = \frac{1}{2}x_2^2 + c_1,$$

因为上述相轨线要经过点(−8,0),故 $c_1=-8$,于是

$$x_1 = \frac{1}{2}x_2^2 - 8. \tag{3.3.33}$$

求解方程组(3.3.32)~(3.3.33),可得相轨线(3.3.32)和(3.3.33)的交点坐标为$(-4,2\sqrt{2})$,从而,$t\in[0,2\sqrt{2}]$时,$x\in[-8,-4]$$t\in[2\sqrt{2},4\sqrt{2}]$时,$x\in[-4,0]$.故反馈(或闭环)控制 $u^*=u^*(x_1,x_2)$为

$$u^*(x_1,x_2) = \begin{cases} 1, & -8 < x_1 < -4, \\ -1, & -4 < x_1 < 0, \end{cases}$$

即电梯在第一层楼到第四层楼应以最大加速度上升,在第四层楼到第八层楼应以最大减速度上升,则能以最短时间到达第八层楼.

3.4 线性时间最优控制

考虑线性系统

$$\dot{x}(t) = Ax(t) + Bu(t),$$

其中,A 是 $n\times n$ 的矩阵,B 是 $n\times m$ 的矩阵,$U=[-1,1]^m\subset\mathbf{R}^m$.

性能指标为

$$J(u) = -\int_0^\tau 1\mathrm{d}s = -\tau, \quad \tau = \tau(u(0)).$$

最优控制问题就是找一个控制 $u^*(t)$，使得

$$J(u^*(t)) = \max_{u\in U} J(u).$$

显然 $\tau^* = -J(u^*)$ 是使状态变量 $x(t)$ 从 $x(0)=x_0$ 变到 $x(\tau^*)=0$ 的最短时间.

引理 3.4.1（Alaoglu 定理） 令 $u_n\in A=[-1,1]^m$，$n=1,2,\cdots$，则存在一个子序列 u_{n_k} 和 $u\in A$ 使得 $u_{n_k}\overset{*}{\to}u$.

定义 3.4.1 一个控制 $u(\cdot)\in A=[-1,1]^m$ 称为 Bang-Bang 控制. 如果对每个 $t\geqslant 0$ 和每个指标 $i=1,\cdots,m$ 都有 $|u_i(t)|=1$，其中，$u(t)=(u_1(t),\cdots,u_m(t))^{\mathrm{T}}$.

定义 3.4.2 一个集合 K 是凸集，如果对所有 $x,\hat{x}\in K$ 和所有 $0\leqslant\lambda\leqslant 1$ 的实数都有 $\lambda x+(1-\lambda)\hat{x}\in K$.

定义 3.4.3 一个 $z\in K$ 称为极点，如果不存在 $x,\hat{x}\in K$ 和 $0<\lambda<1$ 使得 $z=\lambda x+(1-\lambda)\hat{x}$（$K$ 为凸集).

定理 3.4.1（时间最优控制的存在性） 设 $x^0\in\mathbf{R}^n$，则存在一个时间最优 Bang-Bang 控制 $u^*(t)$，使得上述最优控制问题达到最优.

证明 设

$$\tau^* = \inf\{t: x^0\in c(t)\},$$
$$c(t) = \{x^0\in\mathbf{R}^n: \exists\ \text{一个控制}\ u(t)\ \text{使得}\ x(t)=0\}.$$

只需证明 $x^0\in c(\tau^*)$，即存在一个最优控制 $u^*(\cdot)$，使得状态变量 $x(t)$ 从 $x(0)$ 出发在 τ^* 时刻变为 $x(\tau^*)=0$.

选择一个序列 $t_1\geqslant t_2\geqslant\cdots\geqslant\cdots$ 使得 $x^0\in c(t_n)$ 且 $t_n\to\tau^*$，因为 $x^0\in c(t_n)$，存在一个控制 $u_n(\cdot)\in A$，使得 $x^0=-\int_0^{t_n}X^{-1}(s)Bu^*(s)\mathrm{d}s$. 如果需要的话，定义 $u_n(s)=0$，对 $s\geqslant t_n$，由 Alaoglu 定理，存在一个子序列 $n_k\to\infty$ 和一个控制 $u^*(\cdot)$ 使得 $u_n\overset{*}{\to}u^*$.

（注：$L^\infty=L^\infty(0,t;\mathbf{R}^m)=\{u(\cdot):(0,t)\to\mathbf{R}^m \mid \sup\limits_{0\leqslant s\leqslant t}|u(s)|<\infty\}$，$\|u\|_{L^\infty}=\sup\limits_{0\leqslant s\leqslant t}|u(s)|$）

定义 $u_n\overset{*}{\to}u$，$u_n\in L^\infty$，如果对所有 $v(\cdot):[0,t]\to\mathbf{R}^m$ 满足 $\int_0^t|v(s)|\mathrm{d}s<\infty$ 都有 $\int_0^t u_n(s)v(s)\mathrm{d}s\to\int_0^t u(s)v(s)\mathrm{d}s$.

可以断定 $u^*(\cdot)$ 是最优控制，虽然 $u^*(s)=0$，$s\geqslant\tau^*$，

$$x^0=-\int_0^{t_{n_k}}X^{-1}(s)Bu_{n_1}(s)\mathrm{d}s=-\int_0^{t_1}X^{-1}(s)Bu_{n_1}(s)\mathrm{d}s.$$

因为 $u_{n_k}(s)=0$，对 $s\geqslant t_{n_k}$，令 $n_k\to\infty$ 得到，

$$x^0=-\int_0^{t_1}X^{-1}(s)Bu^*(s)\mathrm{d}s=-\int_0^{\tau^*}X^{-1}(s)Bu^*(s)\mathrm{d}s.$$

因为 $u^*(s)=0, s\geqslant\tau^*$，因此 $x^0\in c(\tau^*)$.

引理 3.4.2(Krein-Milman 定理) 设 K 是 L^∞ 中非空凸子集，并且在弱*拓扑意义下是紧的，则 K 至少有一个极点.

利用上述定理到线性结构最优控制当中，令

$K=\{u(\cdot)\in A \mid u(\cdot)$ 使得状态变量 $x(t)$ 从 x^0 出发，在 t 时刻变为 $0\}$.

命题 3.4.1 集合 K 满足 Krein-Milman 定理.

证明 因为 $x^0\in c(t)$所以 $K\neq\varnothing$. 证明 K 是凸集，

$$u(\cdot)\in K \Leftrightarrow x^0=-\int_0^t X^{-1}(s)Bu(s)\mathrm{d}s.$$

现在取 $\hat{u}\in K$ 和 $0\leqslant\lambda\leqslant1$，则 $x^0=-\int_0^t X^{-1}(s)B\hat{u}(s)\mathrm{d}s$，从而有 $x^0=-\int_0^t X^{-1}(s)\cdot B(\lambda u(s)+(1-\lambda)\hat{u}(s))\mathrm{d}s$，从而 $\lambda u(s)+(1-\lambda)\hat{u}(s)\in K\Rightarrow K$ 为凸集.

最后证明 K 是弱紧的. 设 $u_n\in K, n=1,2,\cdots$，根据 Alaoglu 定理，存在 $n_k\to\infty$ 和 $u\in A$ 使得 $u_{n_k}\xrightarrow{*}u$，需要证明 $u\in K$，由 $u_{n_k}\in K\Rightarrow x^0=-\int_0^t X^{-1}(s)Bu_{n_k}(s)\mathrm{d}s\to -\int_0^t X^{-1}(s)Bu(s)\mathrm{d}s$.

根据弱*收敛定义，因此有 $u\in K$.

定理 3.4.2 最优控制极点 u^* 是 Bang-Bang 控制.

证明 需要证明对所有时间 $0\leqslant s\leqslant t$ 和每一个 $i=1,2,\cdots,m$, $|u_i^*(s)|=1$. 用反证法，假设不对，则存在一个 $i\in\{1,2,\cdots,m\}$ 和一个正测度 $E\subset[0,t]$，使得 $|u_i^*(s)|<1$，对 $\forall s\in E$. 事实上，存在一个 $\varepsilon>0$ 和一个子集 $F\subset E$，使得 $|F|>0$ 且 $|u_i^*(s)|\leqslant1-\varepsilon$，对 $\forall s\in E$. 事实上，存在一个 $\varepsilon>0$ 和一个子集 $F\subset E$，使得 $|F|>0$ 且 $|u_i^*(s)|\leqslant1-\varepsilon$，对 $\forall s\in F$. 定义

$$I_F(\beta(\cdot))\triangleq\int_F X^{-1}(s)B\bar{\beta}(s)\mathrm{d}s,$$

$$\bar{\beta}(s)\triangleq(0,\cdots,\beta(s),\cdots,0)^{\mathrm{T}}.$$

选择 $\beta(\cdot)\neq0$ 使得 $I_F(\beta(\cdot))=0$ 且 $|\beta(\cdot)|\leqslant1$.

定义

$$u_1\triangleq u^*+\varepsilon\bar{\beta}(\cdot),\quad u_2\triangleq u^*-\varepsilon\bar{\beta}(\cdot).$$

令 $\beta(s)=0$，对 $s\notin F$. 可以断定 $u_1(\cdot), u_2(\cdot)\in K$. 注意到

$$\begin{aligned}-\int_0^t X^{-1}(s)Bu_1(s)\mathrm{d}s&=-\int_0^t X^{-1}(s)Bu^*(s)\mathrm{d}s-\varepsilon\int_0^t X^{-1}(s)B\bar{\beta}(s)\mathrm{d}s\\&=x^0-\varepsilon\int_F X^{-1}(s)B\bar{\beta}(s)\mathrm{d}s=x^0,\end{aligned}$$

因此 $u_1(\cdot)\in K$. 事实上,

$$u_1(s)=\begin{cases}u^*(s), & s\notin F,\\ u^*(s)+\varepsilon\bar{\beta}(s), & s\in F,\end{cases}$$

$$|u_1(s)|\leqslant|u^*(s)|+\varepsilon|\bar{\beta}(s)|\leqslant 1-\varepsilon+\varepsilon=1,\quad s\in F.$$

同理, $u_2(\cdot)\in K$.

注意到 $u_1=u^*+\varepsilon\bar{\beta}(\cdot)\neq u^*$, $u_2=u^*-\varepsilon\bar{\beta}(\cdot)\neq u^*$, 但 $\frac{1}{2}u_1+\frac{1}{2}u_2=u^*$. 这与 u^* 是 K 的极点矛盾.

定理 3.4.3(时间最优化极大值原理)　设 $u^*(\cdot)$ 是时间最优控制, x^* 为相应最优轨线,则存在一个辅助函数

$$p^*(\cdot):[0,\tau^*]\to\mathbf{R}^n,$$

使得

$$\begin{aligned}&(\text{ODE})\quad x^*(t)=\nabla_p H(x^*(t),p^*(t),u^*(t)),\\&(\text{ADJ})\quad p^*(t)=-\nabla_x H(x^*(t),p^*(t),u^*(t)),\\&(\text{M})\qquad H(x^*(t),p^*(t),u^*(t))=\max_{u\in A}H(x^*(t),p^*(t),u),\\&\qquad\qquad H(x,p,u)=(Ax+Bu)\cdot p,\quad x,p\in\mathbf{R}^n,u\in A.\end{aligned}$$

例 3.4.1　设

$$A=\begin{pmatrix}0&1\\0&0\end{pmatrix},\quad B=\begin{pmatrix}0\\1\end{pmatrix},\quad x(0)=(x_0,y_0)^{\mathrm T},\quad x(t_1)=(0,0)^{\mathrm T}.$$

解　令

$$H(x,\lambda,u)=-1+\lambda^{\mathrm T}Ax+\lambda^{\mathrm T}Bu,$$

$$u^*(t)=\operatorname{sgn}(B^{\mathrm T}\lambda(t)),\quad \dot{\lambda}(t)=-\frac{\partial H}{\partial x}=-A^{\mathrm T}\lambda.$$

解得

$$\lambda(t)=\mathrm{e}^{-A^{\mathrm T}t}\lambda(0),\quad \lambda(0)=(c_1,c_2)^{\mathrm T},\quad \mathrm{e}^{-A^{\mathrm T}t}=\begin{pmatrix}1&0\\-t&1\end{pmatrix},$$

$$\lambda(t)=\begin{pmatrix}1&0\\-t&1\end{pmatrix}\begin{pmatrix}c_1\\c_2\end{pmatrix}=\begin{pmatrix}c_1\\c_2-c_1t\end{pmatrix},$$

$$u^*(t)=\operatorname{sgn}\left((0,1)\begin{pmatrix}c_1\\c_2-c_1t\end{pmatrix}\right)=\operatorname{sgn}(c_2-c_1t).$$

因为 c_2-c_1t 为一次函数至多有一个零点,从而最优控制函数是 Bang-Bang 控制,至多有一次换接. u^* 取 $+1$ 或取 -1.

(1) 当 $u^*=1$ 时,由状态方程得到

$$\begin{cases}x_2=t+a_2,\\ x_1=\frac{1}{2}t^2+a_2t+a_1,\end{cases}$$

消去 t 得到 $x_1=\frac{1}{2}x_2^2+k_1$，$k_1=a_1-\frac{1}{2}a_2^2$，在相平面上轨线的图形见图 3.4.1.

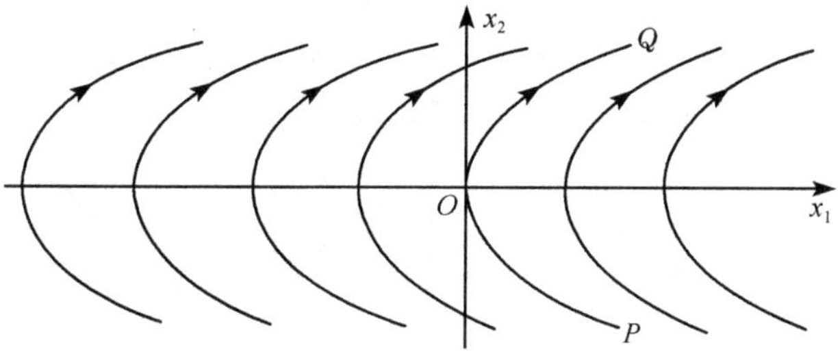

图 3.4.1

(2) 当 $u^*=-1$ 时，由状态方程得到

$$\begin{cases} x_2=-t+b_2, \\ x_1=-\frac{1}{2}t^2+b_2t+b_1 \end{cases} \Rightarrow x_1=-\frac{1}{2}x_2^2+k_2, \quad k_2=b_1+\frac{1}{2}b_2^2,$$

在相平面上的图形见图 3.4.2.

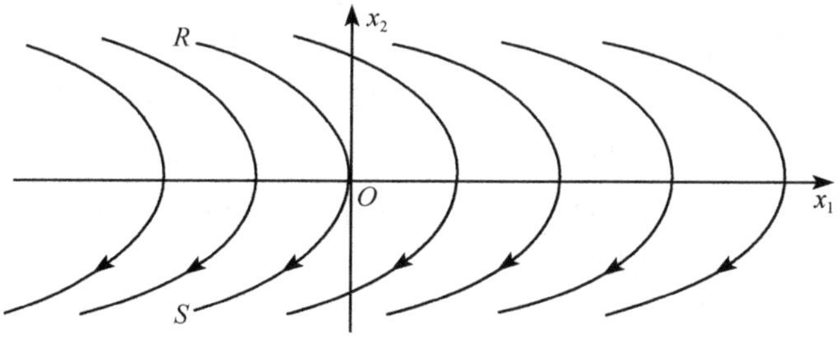

图 3.4.2

先考察图 3.4.1，当 $k_1=0$ 时相轨线 POQ. 这时轨线过坐标原点. 如果初始点落在半抛物线 PO 上任意一点，则在最大推力 $u=1$ 相应的状态沿着 PO 能够到达坐标原点. 再考察图 3.4.2，当 $k_2=0$ 相轨线为 ROS. 这时轨线也通过坐标原点. 如果初始值落在半抛物线 RO 上，则使用反向推力 $u=-1$，相应的状态沿着 RO 可以到达坐标原点. 这两个半抛物线 PO 和 RO 在坐标原点连接了起来形成了一条曲线 τ(图 3.4.3). 曲线 τ 的右半部分用 τ_+ 表示，左半部分用 τ_- 表示. 我们称 τ 为换接轨线. 下面看当相轨线一旦与 τ 曲线相遇最优控制 $u^*(t)$ 就要改变原来的符号发生换接，曲线 τ 可以用函数

$$x_2=T(x_1)=\begin{cases} -\sqrt{2x_1}, & x_1\geqslant 0, \\ \sqrt{-2x_1}, & x_1<0 \end{cases}$$

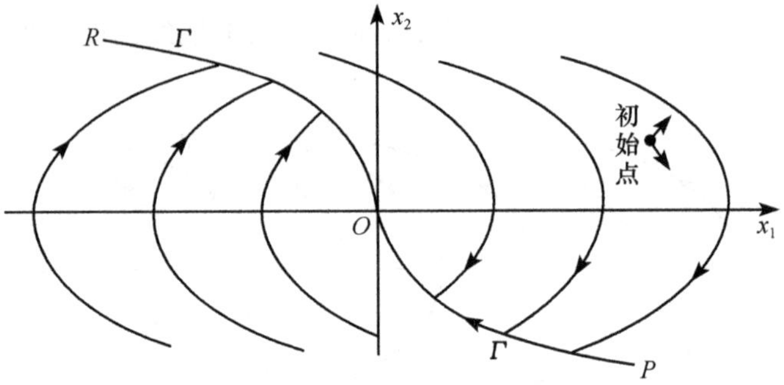

图 3.4.3

表示,还可以用公式表示为 $x_1=-\frac{1}{2}x_2|x_2|$.

初始点的位置在相平面上只有三种情况:

(i) 在换接轨线 τ 的右上方.

(ii) 在换接轨线 τ 上.

(iii) 在换接轨线 τ 下.

若初始点(x_1^0,x_2^0)落在 τ 的右上方. 因为最优轨线是 Bang-Bang 的,由初始点出发的最优轨线只能沿图 3.4.1 或图 3.4.2 的抛物线走. 如果沿图 3.4.1 的抛物线向上运动,则越走越远离原点,所以只能沿图 3.4.2 的抛物线朝下走相应得最优控制 $u^*=-1$,走一段路经以后一定会遇到换接轨线 τ_+,在交点处控制发生换接,从 $u^*=-1$ 转换到 $u^*=1$. 然后沿 PO 走向原点. 若初始点落在 τ 上,这时就沿图 3.4.3 换接轨线的方向走向原点.

若初始点落在 τ 下方,则先取 $u^*=1$ 沿图 3.4.1 所示抛物线运行到与 τ_- 相遇,在相遇时刻 u^* 从 1 换为-1,而后沿 τ_- 走向原点.

最优控制可用反馈公式给出:

$$u^*(x_1,x_2)=\begin{cases}-\operatorname{sgn}\left(x_1+\frac{1}{2}|x_2|x_2\right), & x_1+\frac{1}{2}|x_2|x_2\neq 0,\\ -\operatorname{sgn}(x_2), & x_1+\frac{1}{2}|x_2|x_2=0.\end{cases}$$

时间最优控制的最短时间的求法,设(a_1,a_2)为初始点,分三种情形:

(1) $a_1+\frac{1}{2}|a_2|a_2=0$,最优控制没有换接.

$$u^*=-\operatorname{sgn}(a_2),\quad t_1=|x_2|.$$

(2) $a_1+\frac{1}{2}|a_2|a_2>0$ 在 τ 的右上方,最短时间分为两段,一段 $u^*=-1$,沿图 3.4.2 的抛物线运行和 $u^*=1$ 沿 τ_+ 的抛物线运行. 先求第一段运行时间,由方

程组

$$\begin{cases} x_2(\bar{t}) = -\bar{t} + a_2, \\ x_1(\bar{t}) = -\dfrac{1}{2}x_2^2(\bar{t}) + k_2, \quad k_2 = a_1 + \dfrac{1}{2}a_2^2, \\ x_1(\bar{t}) = \dfrac{1}{2}x_2^2(\bar{t}), \end{cases}$$

解出 $x_2(\bar{t}) = -\sqrt{k_2}$,

$$\bar{t} = a_2 - x_2(\bar{t}) = a_2 + \sqrt{k_2} = a_2 + \sqrt{a_1 + \frac{1}{2}a_2^2}.$$

最短时间 $t_1 = \bar{t} + |x_2(\bar{t})| = \bar{t} + \sqrt{k_2} = a_2 + \sqrt{4a_1 + 2a_2^2}$.

(3) $a_1 + \frac{1}{2}|a_2|a_2 < 0$,初始点落在 τ 的左下方,可导出

$$\bar{t} = -a_2 + \sqrt{-a_1 + \frac{1}{2}a_2^2},$$

$$t_1 = -a_2 + \sqrt{-4a_1 + 2a_2^2}.$$

当 $(a_1, a_2) = (4, -1)$ 时,则

$$a_1 + \frac{1}{2}|a_2|a_2 = 4 - \frac{1}{2} > 0,$$

$$\bar{t} = -1 + \sqrt{4 + \frac{1}{2}} = -1 + \frac{3\sqrt{2}}{2},$$

$$t_1 = -1 + \sqrt{4 \times 4 + 2 \times 1} = -1 + 3\sqrt{2},$$

所以

$$u^* = \begin{cases} -1, & 0 \leqslant t < -1 + \dfrac{3\sqrt{2}}{2}, \\ 1, & -1 + \dfrac{3\sqrt{2}}{2} < t \leqslant -1 + 3\sqrt{2}. \end{cases}$$

当 $(a_1, a_2) = (-1, -1)$ 时,$a_1 + \frac{1}{2}|a_2|a_2 = -\frac{3}{2} < 0$.

$$\bar{t} = 1 + \sqrt{1 + \frac{1}{2}} = 1 + \frac{\sqrt{6}}{2}, \quad t = 1 + \sqrt{6},$$

$$u^* = \begin{cases} 1, & 0 \leqslant t \leqslant 1 + \dfrac{\sqrt{6}}{2}, \\ -1, & 1 + \dfrac{\sqrt{6}}{2} \leqslant t \leqslant 1 + \sqrt{6}. \end{cases}$$

例 3.4.2　设 $A=\begin{pmatrix}0 & 1\\ -1 & 0\end{pmatrix}, B=\begin{pmatrix}0\\1\end{pmatrix}, |u|\leqslant 1, x(0)=x_0$，求时间最优控制.

解　哈密顿函数

$$H=(x,\lambda,u)=-1+\lambda^{\mathrm{T}}Ax+\lambda^{\mathrm{T}}Bu,$$

$$u^*=\operatorname{sgn}(B^{\mathrm{T}}\lambda(t)),\quad \dot{\lambda}(t)=-\frac{\partial H}{\partial x}=-A^{\mathrm{T}}\lambda,\quad \lambda(t)=\mathrm{e}^{-A^{\mathrm{T}}t}\lambda(0),$$

$$\mathrm{e}^{-A^{\mathrm{T}}t}=\begin{pmatrix}\cos t & \sin t\\ -\sin t & \cos t\end{pmatrix},\quad \lambda(0)=(\eta_1,\eta_2)^{\mathrm{T}},$$

$$u^*=\operatorname{sgn}(-\eta_1\sin t+\eta_2\cos t)=\operatorname{sgn}(\sin(t+\delta)),$$

其中，$\cos\delta=\dfrac{-\eta_1}{\sqrt{\eta_1^2+\eta_2^2}}, \sin\delta=\dfrac{\eta_2}{\sqrt{\eta_1^2+\eta_2^2}}$对新 $\delta(-\pi\leqslant\delta\leqslant\pi)$成立. 这表明最优控制是唯一 Bang-Bang 的. 同时每隔 π 必发生一次换接.

当 $u^*=1$ 时，

$$\begin{cases}\dot{x}_1=x_2,\\ \dot{x}_2=-x_1+1\end{cases}\Rightarrow\frac{\mathrm{d}x_1}{\mathrm{d}x_2}=\frac{x_2}{1-x_1},$$

$$(x_1-1)^2+x_2^2=R,\quad R \text{ 为任意常数.}$$

当 $u^*=-1$ 时，

$$\begin{cases}\dot{x}_1=x_2,\\ \dot{x}_2=-x_1-1\end{cases}\Rightarrow\frac{\mathrm{d}x_1}{\mathrm{d}x_2}=\frac{x_2}{-1-x_1},$$

$$(x_1+1)^2+x_2^2=R.$$

必须明确图 3.4.4 中圆族的运行方向，这必须注意到 x_1 满足方程 $x''+x=1$，其解 $x_1(t)=A\sin(t+\delta)+1$，于是 $x_2(t)=\dot{x}_1=A\cos(t+\delta)$.

从上面表达式可以看出圆族的运行方向为顺时针. 同理可确定图 3.4.5 中圆族的运行方向为顺时针方向. 为了求换接轨线写出状态方程满足终态 $x(t_1)=(0,0)$的解的表达式.

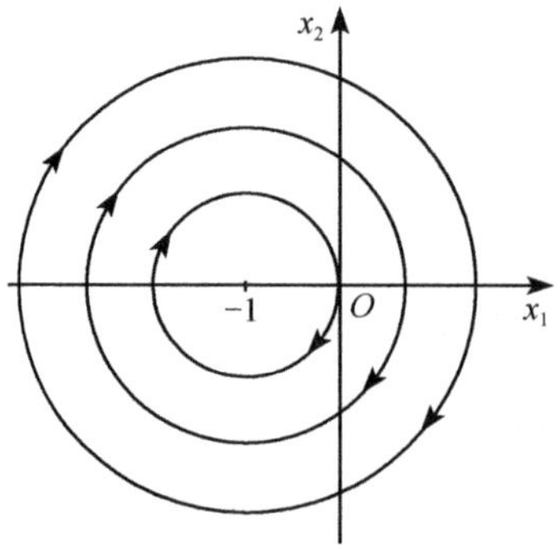

图 3.4.4

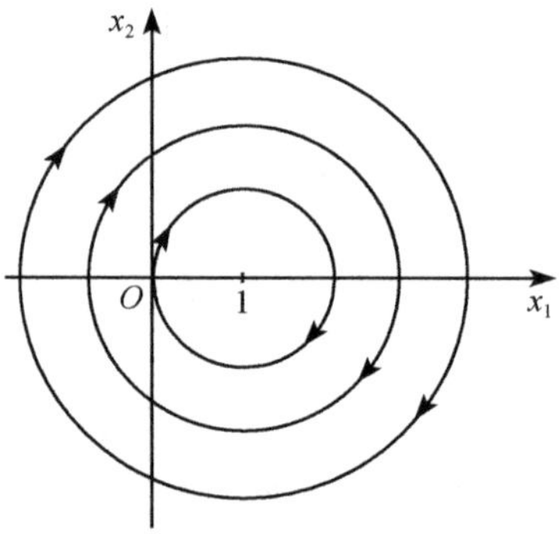

图 3.4.5

$$x(t)=\mathrm{e}^{At}\int_{t_1}^{t}\mathrm{e}^{-A\xi}\left[\begin{pmatrix}0\\1\end{pmatrix}\operatorname{sgn}\left((0,1)\begin{pmatrix}\cos\xi & \sin\xi\\-\sin\xi & \cos\xi\end{pmatrix}\begin{pmatrix}\eta_1\\\eta_2\end{pmatrix}\right)\right]\mathrm{d}\xi,$$
$$=\mathrm{e}^{At}\int_{t_1}^{t}\begin{pmatrix}-\sin\xi\\\cos\xi\end{pmatrix}\operatorname{sgn}(-\eta_1\sin\xi+\eta_2\cos\xi)\mathrm{d}\xi,$$

换接轨线上任意一点必有 $\eta_2\cos\xi-\eta_1\sin\xi=0(\eta_1^2+\eta_2^2\neq0)$. 假定初始点在换接轨线上,再来分析这种点所满足的方程.

$$\eta_2\cos\xi-\eta_1\sin\xi\,|_{t=0}\,\eta_2=0.$$

将 $\eta_2=0$ 代入上面解的表达式中得到

$$x(t)=\mathrm{e}^{At}\int_{t_1}^{t}\begin{pmatrix}-\sin\xi\\\cos\xi\end{pmatrix}\operatorname{sgn}(-\eta_1\sin\xi)\mathrm{d}\xi,\tag{3.4.1}$$

上述积分与时间走向相反. $t_1>t$,t 逐渐减小. 当 $t=0$ 时就是初始状态. 因为已经假定 $x(0)$在换接轨线上,所以为了求出换接轨线必须对式(3.4.1)在 $t=0$ 时求积分

$$x(0)=\int_{t_1}^{0}\begin{pmatrix}-\sin\xi\\\cos\xi\end{pmatrix}\operatorname{sgn}(-\eta_1\sin\xi)\mathrm{d}\xi,\tag{3.4.2}$$

为了求出(3.4.2)可分段积分,设 $t_1\in[k\pi,(k+1)\pi]$,其中,k 为自然数,于是

$$x(0)=\int_{\pi}^{0}\begin{pmatrix}-\sin\xi\\\cos\xi\end{pmatrix}\operatorname{sgn}(-\eta_1)\mathrm{d}\xi+(-1)\int_{2\pi}^{\pi}\begin{pmatrix}-\sin\xi\\\cos\xi\end{pmatrix}\operatorname{sgn}(-\eta_1)\mathrm{d}\xi+\cdots$$
$$+(-1)^k\int_{k\pi}^{(k-1)\pi}\begin{pmatrix}-\sin\xi\\\cos\xi\end{pmatrix}\operatorname{sgn}(-\eta_1)\mathrm{d}\xi+(-1)^k\int_{t_1}^{k\pi}\begin{pmatrix}-\sin\xi\\\cos\xi\end{pmatrix}\operatorname{sgn}(-\eta_1)\mathrm{d}\xi.$$

又设 $\operatorname{sgn}(-\eta_1)>0$,则有

$$x(0)=\begin{pmatrix}x_1(0)\\x_2(0)\end{pmatrix}$$
$$=\begin{pmatrix}\cos\xi\\\sin\xi\end{pmatrix}\Bigg|_{\pi}^{0}-\begin{pmatrix}\cos\xi\\\sin\xi\end{pmatrix}\Bigg|_{2\pi}^{\pi}+\cdots+(-1)^{k-1}\begin{pmatrix}\cos\xi\\\sin\xi\end{pmatrix}\Bigg|_{k\pi}^{(k-1)\pi}+(-1)^k\begin{pmatrix}\cos\xi\\\sin\xi\end{pmatrix}\Bigg|_{t_1}^{k\pi}$$
$$=\begin{pmatrix}1\\0\end{pmatrix}-2\begin{pmatrix}-1\\0\end{pmatrix}+\cdots+2(-1)^{k-1}\begin{pmatrix}(-1)^{k-1}\\0\end{pmatrix}$$
$$+2(-1)^k\begin{pmatrix}(-1)^k\\0\end{pmatrix}+(-1)^{k+1}\begin{pmatrix}\cos t_1\\\sin t_1\end{pmatrix},$$

即

$$\begin{pmatrix}x_1(0)\\x_2(0)\end{pmatrix}=\begin{pmatrix}2k+1\\0\end{pmatrix}-\begin{pmatrix}\cos(t_1-k\pi)\\\sin(t_2-k\pi)\end{pmatrix},\tag{3.4.3}$$

由式(3.4.3)可以看出. 如果 $\operatorname{sgn}(-\eta_1)>0$,则当 $t_1\in[k\pi,(k+1)\pi]$时,就有 $0\leqslant t_1-$

$k\pi \leqslant \pi$. 它给出初始点的轨迹,也就是换接点的轨线一是以$(2k+1,0)$为中心,以 1 为半径的下半弧. 当 k 取遍一切自然数 $k=0,1,2,\cdots$时,就得到右半平面的一串下半圆弧,见图 3.4.6.

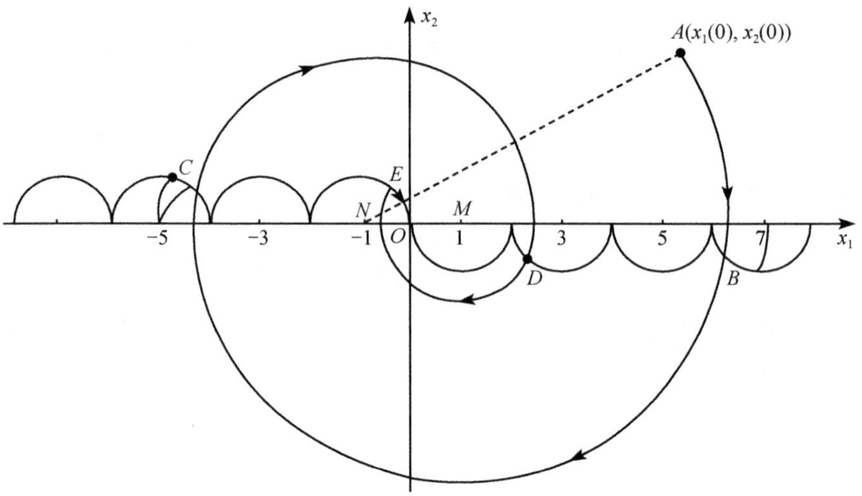

图 3.4.6

如果 $\mathrm{sgn}(-\eta_1)<0$,则式(3.4.3)的右端只不过改变了符号. 因此有

$$\begin{pmatrix} x_1(0) \\ x_2(0) \end{pmatrix} = -\begin{pmatrix} 2k+1 \\ 0 \end{pmatrix} + \begin{pmatrix} \cos(t_1 - k\pi) \\ \sin(t_2 - k\pi) \end{pmatrix},$$

它的图形是以$(-(2k+1),0)$为中心,半径为 1 的左半平面上的一串上半圆弧. 这一串上半圆弧与一串下半圆弧在原点处连接起来,形成一条曲线. 这条曲线称为换接轨线. 它把全屏面分成上下两部分,它的方程可以写成如下形式:

$$x_2 = \begin{cases} -\sqrt{1-(x_1-2k-1)^2}, & 2k < x_1 < 2k+2, (k=0,1,2,\cdots), \\ \sqrt{1-(x_1+2k+1)}, & -2k-2 < x_1 \leqslant -2k, (k=0,1,2,\cdots), \end{cases}$$

当动点在换接轨线的上方时,最优控制 u^* 取-1,当动点在换接轨线的下方时,最优控制 u^* 取$+1$.

现设初始点为 $A(x_1(0),x_2(0))$. 图 3.4.6 中所示的 $\widehat{ABCDEO}$为从 A 点出发的最优轨线,其中,$\widehat{AB}$是 $N(-1,0)$为中心,半径为$\overline{NA}$的圆弧;$\widehat{BC}$是以 $M(1,0)$为中心,半径为$\overline{MB}$的圆弧;$\widehat{CD}$是以 N 为中心,半径为$\overline{NC}$的圆弧;$\widehat{DE}$是以 M 为中心,半径为$\overline{MD}$的圆弧;$\widehat{EO}$是以 N 为中心,半径为 1 的圆弧. 轨线的运行方向如图 3.4.6 所示.

如果初始点 A 在换接轨线 τ 的上方,计算初始点与 $N(-1,0)$点之间的距离.

$$d_- = \overline{NA} = \sqrt{(\xi_1+1)^2+\xi_2^2},$$

那么一定存在唯一的自然数 k 使 $2k+1<d_1\leqslant 2k+3$ 这时换接次数为 $k+1$ 次. 如果初始点 A 在换接轨线 τ 的下方,则要计算初始点与 $M(1,0)$之间的距离

$$d_+ = \overline{MA} = \sqrt{(\xi_1-1)^2+\xi_2^2}$$

来代替 $d_-=\overline{NA}$,同样存在唯一的自然数 k 使得,$2k+1<d_+\leqslant 2k+3$. 这时换接次数是 $k+1$. 如果初始点 A 在换接轨线 τ 上,就要看它在原点的哪一方,如果 A 在原点的右方,就要计算 d_+,如果它在原点的左方就需要计算 d_-,如果 $d=1$ 那么最优控制不发生换接.

为了计算例 3.4.2 的最优控制 $u^*(t)$发生的换接时间,假定 $u^*(t)$是有 $v-1$ 次换接的 Bang-Bang 控制,为了确定起见,设 $u^*(t)$从开始到第一次换接前的一段时间内 $u^*(t)\equiv 1$(若在这段时间内 $u^*(t)\equiv 1$ 的情形,只需在所得结果的左边改变符号即可),那么有

$$0 = \mathrm{e}^{At}\left(x_0+\int_0^T \mathrm{e}^{-At}Bu^*(t)\mathrm{d}t\right),$$

其中,T 表示终止时刻,把上面的式子改写为

$$-x_0 = \int_0^T \mathrm{e}^{-At}Bu^*(t)\mathrm{d}t.$$

将上式两边乘以$-A$,然后将积分区间$[0,T]$分成$[0,t_1]$,$[t_1,t_2]$,…,$[t_{v-1},T]$,其中,$t_1,t_2,\cdots,t_{v-1}$为换接时间. 由于 $u^*(t)$在$[0,t_1]$上为-1,以后的各区间上交错地改变符号,积分后得

$$\begin{aligned}Ax_0 =& -(\mathrm{e}^{-At_1}B-B)+(\mathrm{e}^{-At_2}B-\mathrm{e}^{-At_1}B)+\cdots\\ &+(-1)^{v-1}(\mathrm{e}^{-At_{v-1}}B-\mathrm{e}^{-At_{v-2}}B)+(-1)^v(\mathrm{e}^{-AT}B-\mathrm{e}^{-At_{v-1}}B).\end{aligned}$$

经整理得

$$Ax_0 = B-2\mathrm{e}^{-At_1}B+2\mathrm{e}^{-At_2}B+\cdots+2(-1)^{v-1}\mathrm{e}^{-At_{v-1}}B+(-1)^v\mathrm{e}^{-AT}B.$$

因为每隔 π 秒发生一次换接,所以 $t_{i+1}=t_i+\pi$,$i=1,\cdots,v-2$.

因此上面的式子又可写成

$$Ax_0 = B-2\mathrm{e}^{-At_1}B(I-\mathrm{e}^{-A\pi}B+\cdots+(-1)^{v-2}\mathrm{e}^{-A(v-2)\pi})+(-1)^v\mathrm{e}^{-AT}B, \tag{3.4.4}$$

其中,I 表示单位阵,将

$$A=\begin{pmatrix}0 & 1\\ -1 & 0\end{pmatrix},\quad B=\begin{pmatrix}0\\ 1\end{pmatrix}$$

$$\mathrm{e}^{-AT}=\begin{pmatrix}\cos t & -\sin t\\ \sin t & \cos t\end{pmatrix},\quad \mathrm{e}^{-A\pi}=\begin{pmatrix}-1 & 0\\ 0 & -1\end{pmatrix}=-I$$

代入(3.4.4)得到

$$\begin{pmatrix} 0 & 1 \\ -1 & 0 \end{pmatrix}\begin{pmatrix} \xi_1 \\ \xi_2 \end{pmatrix} = \begin{pmatrix} \xi_2 \\ -\xi_1 \end{pmatrix} = \begin{pmatrix} 0 \\ 1 \end{pmatrix} + 2(v-1)\begin{pmatrix} \sin t_1 \\ -\cos t_1 \end{pmatrix} + (-1)^v \begin{pmatrix} -\sin T \\ \cos T \end{pmatrix}. \tag{3.4.5}$$

如果 $u^*(t)$ 从开始到第一次换接前的一段时间取 $+1$ 时，那么就有

$$\begin{pmatrix} -\xi_2 \\ \xi_1 \end{pmatrix} = \begin{pmatrix} 0 \\ 1 \end{pmatrix} + 2(v-1)\begin{pmatrix} \sin t_1 \\ -\cos t_1 \end{pmatrix} + (-1)^v \begin{pmatrix} -\sin T \\ \cos T \end{pmatrix}. \tag{3.4.6}$$

从式(3.4.5)、(3.4.6)能够求出第一次换接的时间 t_1 和终端时间 T. 这样最优控制 u^* 就是全可知的.

例如，如果初始点 A 为(7,0)时，因为 A 点在换接轨线的上方，所以计算

$$d_- = \overline{NA} = \sqrt{8^2+0} = 8, \quad 2\times 3+1 < d_- = 8 < 2\times 3+3.$$

因此 $K=3$，换接次数为 $K+1=4$ 次，由式(3.4.5)得到

$$0 = 8\sin t_1 - \sin T,$$
$$-7 = 1 - 8\cos t_1 - \cos T,$$

求得

$$t_1 = \arccos\frac{127}{128}.$$

再注意到

$$3\pi < T < 4\pi,$$

就得到

$$T = 4\pi - \arccos\frac{1}{16}.$$

如果 A 为(−5,0)，位于 τ 的下方，所以计算

$$d_+ = \overline{MA} = \sqrt{6^2+0} = 6, \quad 2\times 2+1 < d_+ < 2\times 2+3.$$

$K=2$ 换接次数为 $K+1=3$ 次，由式(3.4.6)得到

$$0 = 6\sin t_1 - \sin T,$$
$$-5 = 1 - 6\cos t_1 + \cos T,$$

求得 $t_1=\arccos\frac{71}{72}$，$2\pi<T<3\pi$，所以 $T=3\pi-\arccos\frac{1}{12}$.

$A(7,-1)$ 位于 Γ 的右边，

$$d_+ = \overline{MA} = \sqrt{6^2+1^2} = \sqrt{37}, \quad 2\times 2+1 < d_+ < 2\times 2+3,$$

$K=2, t_1=\pi$ 代入(3.4.6)，得到

$$\begin{cases}1=6\sin t_1-\sin T,\\ 7=1-6\cos t_1-\cos T\end{cases}\Rightarrow\begin{cases}\sin T=-1,\\ \cos T=0,\end{cases}$$
$$3\pi<T<4\pi,$$

故 $T=4\pi-\frac{1}{2}\pi=\frac{7}{2}\pi$.

若 $A(-5,1)$ 位于 Γ 的左边，

$$d_-=\overline{NA}=\sqrt{(-5+1)^2+1^2}=\sqrt{17},\quad 2\times1+1<d_-<2\times1+3,$$

$K=1$，发生 2 次转接，$t_1=\pi$ 代入式(3.4.5)得到

$$\begin{cases}1=4\sin t_1+\sin T,\\ 5=1-4\cos t_1-\cos T\end{cases}\Rightarrow\begin{cases}\sin T=1,\\ \cos T=0,\end{cases}$$
$$2\pi<T<3\pi,$$

故 $T=\frac{5}{2}\pi$.

习　题　3

1. 设系统的状态方程为 $\dot{x}(t)=u(t)$，初始条件为 $x(0)=1$，终端条件为 $x(1)=\frac{1}{2}$，控制约束为 $|u(t)|\leqslant1$，性能指标为

$$J=\int_0^1[u^2(t)]\mathrm{d}t.$$

求最优控制 $u^*(t)$ 使性能指标 J 达到最小值.

2. 设系统的状态方程为 $\dot{x}(t)=-x(t)+u(t)$，初始条件为 $x(0)=1$，终端自由，控制约束为 $|u(t)|\leqslant1$，性能指标为

$$J=\frac{1}{2}\int_0^1[u(t)-2x(t)]\mathrm{d}t.$$

求最优控制 $u^*(t)$ 使性能指标 J 达到最大值.

3. 设系统的状态方程为

$$\dot{x}(t)=x(t)+u(t),$$

初始条件为 $x(0)=5$，终端自由，控制约束为 $0\leqslant u\leqslant2$，性能指标为

$$J=\int_0^2[3u(t)-2x(t)]\mathrm{d}t.$$

求最优控制 $u^*(t)$ 使性能指标 J 达到最小值.

4. 设系统的状态方程为

$$\dot{x}(t)=0.1x(t)+u(t),$$

初始条件为 $x(0)=5$,终端自由,控制约束为 $0\leqslant u\leqslant 1$,性能指标为

$$J=\int_0^{100} x(t)\mathrm{d}t.$$

求最优控制 $u^*(t)$使性能指标 J 达到最小值.

5. 设系统的状态方程为

$$\dot{x}(t)=-0.1x(t)+u(t),$$

初始条件为 $x(0)=5$,终端自由,控制约束为 $0\leqslant u\leqslant 1$,性能指标为

$$J=x(100).$$

求最优控制 $u^*(t)$使性能指标 J 达到最小值.

6. 设系统的状态方程为

$$\dot{x}_1(t)=-x_2(t)-u(t),\quad \dot{x}_2(t)=u,$$

初始条件为 $x_1(0)=50, x_2(0)=1$,终止时刻 t_1 不定,终端自由,控制约束为

$$|u(t)|\leqslant 1,$$

性能指标为

$$J=x_1(t_1)+5x_2(t_1).$$

求控制 $u^*(t)$和 t_1^* 使性能指标 J 达到最大值.

7. 设系统的状态方程为

$$\dot{x}_1(t)=x_2(t)+1,\quad \dot{x}_2(t)=u,$$

初始条件为

$$x_1(0)=-1,\quad x_2(0)=-1,$$

终止时刻 t_1 不定,终端条件为

$$x_1(t_1)=0,\quad x_2(t_0)=0,$$

控制约束为

$$|u(t)|\leqslant 2,$$

性能指标为

$$J=\int_0^1[u^2(t)]\mathrm{d}t.$$

求最优控制 $u^*(t)$和 t_1^* 使性能指标 J 达到最大值.

8. 某商品 t 时刻的销量为 $s(t)$,t 时刻的广告费为 $A(t)$,$0\leqslant A(t)\leqslant \bar{A}$,销量的变化率与销量成正比率减少,与广告使用的市场范围成正比率增加,但这不包括已购买的市场,即

$$\dot{s}=-as+bA\left(1-\frac{s}{M}\right),\quad s(0)=s_0,$$

其中,M 是市场的广度,s_0,$\bar{A}$,a,b 是给定的正常数. 商品在时段$[t_0,t_1]$内的总销量为

$$J=\int_{t_0}^{t_1} s(t)\mathrm{d}t.$$

问题是求使用广告的策略 $A(t)$，使总销量最大.

9. 试求控制系统

$$\dot{x}=u,\quad |u|\leqslant 1$$

从初始点(1,1)转移到坐标原点(0,0)的最短时间.

10. 试求控制系统

$$\dot{x}=-x+u,\quad |u|\leqslant 1$$

从初始点(3,3)转移到坐标原点(0,0)的最短时间.

11. 证明系统

$$\dot{x}=u-u^2,\quad |u|\leqslant 1$$

从(0,−1)转移到(t_1,0)的最短时间控制是

$$u^*=\frac{1}{2},$$

这一控制不是开关型(Bang-Bang)的.

第 4 章　动 态 规 划

动态规划是解决多阶段决策过程中优化问题的一种数学方法. 20 世纪 50 年代初美国数学家贝尔曼(Bellman)等在研究多阶段决策过程中的优化问题时,提出了著名的最优性原理,把多阶段决策过程转化为一系列单阶段问题,创立了解决多阶段决策问题的动态规划方法. 动态规划问世以来,在工程技术、经济管理和最优控制等方面都得到了广泛的应用. 本章介绍动态规划及其在最优控制中的应用.

4.1　离散型动态规划

4.1.1　多阶段决策问题

在生产和科学实验中有这样一类决策过程,由于它的特殊性,可将其分成若干互相联系的阶段,在它的每一阶段都需要作出决策,从而使整个过程达到最好的效果,各阶段决策的选取不是任意确定的,它依赖于当前的状态,又给以后的发展施加影响. 当各个阶段的决策确定以后,就组成一个决策序列,因而也就决定了整个过程的一条路线,这样一个前后关联具有链状结构的多阶段决策过程就称为多阶段决策问题.

在多阶段决策过程中各个阶段的决策一般来说是与时间有关的,决策依赖于当前的状态,而它随即引起状态的转移,一个决策序列就在状态的运动变化中产生,故有“动态”的含义,因此把处理多阶段决策问题的方法称为动态规划(dynamic programming). 但有一些与时间没有关系的静态规划问题,只要人为地引进“时间”因素,也可把它视为多阶段决策问题,从而用动态规划方法来处理.

4.1.2　动态规划的基本概念

4.1.2.1　阶段

把所给的问题恰当地划分为若干相互联系的部分,每个部分称为一个阶段(step),一般用 $k(k=0,1,\cdots,N)$ 来表示.

4.1.2.2　状态

在多阶段决策问题中,每个阶段 $k(k=0,1,\cdots,N)$ 开始时所处的自然状况或客观条件称为状态(state). 描述状态的变量称为状态变量(state variable). 变量允许取值的范围称为允许状态集合(set of admissible states).用 $x(k)$表示第 k 阶段的状态变量,它可以是一个数或一个向量.用 X_k 表示第 k 阶段的允许状态集合.

4.1.2.3 决策

当过程处于某个阶段的某个状态时,从该状态演变为下一个阶段某个状态所作出的选择称为决策(decision),在最优控制问题中也称为控制(control).

描述决策的变量称为决策变量,变量允许取值的范围称为允许决策集合.用 $u(k,x(k))$ 表示第 k 阶段处于状态 $x(k)$的决策变量,它是 $x(k)$的函数.用 $U_k(x(k))$表示 $x(k)$的允许决策集合.

4.1.2.4 策略

决策组成的集合称为策略(policy).由初始状态 $x(0)$开始的全过程的策略记做 p_{0N},即 $p_{0N}=\{u(0,x(0)),u(1,x(1)),\cdots,u(N-1,x(N-1))\}$.由第 k 阶段的状态 $x(k)$开始到终止状态的后部子过程的策略记做 p_{kN},即 $p_{kN}=\{u(k,x(k)),\cdots,u(N-1,x(N-1))\}$,可供选择的策略有一定的范围,称为允许策略集合,用 $P_{0N}(x(0))$,$P_{kN}(x(k))$表示.

4.1.2.5 状态转移方程

在确定性过程中,一旦某个阶段的状态和决策为已知,下阶段的状态便完全确定.用状态转移方程(equation of state transition)表示这种演变规律,写做

$$x(k+1)=f_k(x(k),u(k),k),\quad k=0,1,\cdots,N. \tag{4.1.1}$$

4.1.2.6 指标函数和最优值函数

在多阶段决策过程中,衡量策略优劣的数量指标是定义在过程上的数值函数,称为指标函数(objective function).由 $x(k)$出发采取策略 p_{kN} 的指标函数记做 $J_k[x(k),p_{kN}]$.指标函数一般应具有可分离性,即 $J_k[x(k),p_{kN}]$可表示为 $x(k)$,$u(k)$,$J_{k+1}[x(k+1),p_{k+1N}]$的函数,记做

$$J_k[x(k),p_{kN}]=\varphi_k(x(k),u(k),J_{k+1}[x(k+1),p_{k+1N}]), \tag{4.1.2}$$

其中,函数 ϕ_k 关于 $J_{k+1}[x(k+1),p_{k+1N}]$是严格单调的.

由 $x(k)$出发采取决策 $u(k)$使系统状态转移到下一个状态 $x(k+1)$的指标值称为阶段指标记为 $R_k(x(k),u(k))$.$J_k[x(k),p_{kN}]$由 $R_k(x(k),u(k))$组成,常见的形式有

阶段指标之和,即

$$J_k[x(k),p_{kN}] = \sum_{j=k}^{N-1} R_j(x(j),u(j)). \tag{4.1.3}$$

阶段指标之积,即

$$J_k[x(k),p_{kN}] = \prod_{j=k}^{N-1} R_j(x(j),u(j)). \tag{4.1.4}$$

阶段指标之极大(或极小),即

$$J_k[x(k),p_{kN}] = \max_{k\leqslant j\leqslant N-1}(\min) R_j(x(j),u(j)). \tag{4.1.5}$$

在 $x(k)$ 给定时指标函数 $J_k[x(k),p_{kN}]$ 对 p_{kN} 的最优值称为最优值函数(optimal value function),记做 $J_k^*[x(k)]$,即

$$J_k^*[x(k)] = \operatorname*{opt}_{p_{kN}\in P_{kN}(x(k))} J_k[x(k),p_{kN}], \tag{4.1.6}$$

其中,opt 可根据具体情况取 max 或 min.

在不同的实际问题中,指标的含义是不同的,可以是距离、利润、资源消耗等.

4.1.2.7　最优策略和最优轨线

使指标函数 $J_k[x(k),p_{kN}]$ 达到最优值的策略是从 k 开始的后部过程的最优策略,记做

$$p_{kN}^* = \{u^*(k),\cdots,u^*(N-1)\}.$$

$p_{0N}^*=\{u^*(0),\cdots,u^*(N-1)\}$ 是全过程的最优策略,简称最优策略(optimal policy).从初始状态 $x^*(0)$ 出发,过程按照 $p_{0N}^*=\{u^*(0),\cdots,u^*(N-1)\}$ 和状态转移方程演变所经历的状态序列 $\{x^*(0),\cdots,x^*(N)\}$ 称为最优轨线(optimal trajectory).

4.1.3　动态规划基本定理和基本方程

为了叙述方便,我们针对指标函数取各阶段指标之和的形式介绍动态规划基本理论.

定理 4.1.1　对于初始状态 $x(0)\in X_0$,策略 $p_{0N}=\{u^*(0),u^*(1),\cdots,u^*(N-1)\}\in P_{0N}(x(0))$ 是最优策略的充分必要条件是对于任意的 k,$1\leqslant k<N$,有

$$J_0[x(0),p_{0N}^*] = \operatorname*{opt}_{p_{0k-1}\in P_{0k-1}(x(0))}\left[J_{0k-1}[x(0),p_{0k-1}] + \operatorname*{opt}_{p_{kN}} J_k[x(k),p_{kN}]\right],$$

其中,$x(k)$ 是由 $x(0)$,p_{0k-1} 和状态转移方程 $x(j+1)=f_j(x(j),u(j))$($j=0,1,\cdots,k-1$)所确定的第 k 阶段的状态.

定理 4.1.2(最优性原理) 若 $p_{0N}^*=\{u^*(0),u^*(1),\cdots,u^*(N-1)\}$是最优策略,则对于任意的 k,$1\leqslant k<N$,它的子策略 $p_{kN}^*=\{u^*(k),u^*(k+1),\cdots,u^*(N-1)\}$ 对于由 $x(0)$,p_{0k-1}^*确定的 $x^*(k)$为起点的第 k 到 N 后部子过程而言,也是最优策略.

这就是著名的最优性原理,通常简述为:不论过去的状态和决策如何,对于前面的决策形成的当前的状态而言,余下的各个决策必定构成最优策略.

证明 以 opt 取 max 为例证明定理.反证法,假若定理的结论不真,则必存在 $k(1\leqslant k<N)$和策略 $\bar{p}_{kN}=\{\bar{u}(k),\bar{u}(k+1),\cdots,\bar{u}(N-1)\}$,使得

$$J_k[x^*(k),\bar{p}_{kN}]>J_k[x^*(k),p_{kN}^*].$$

令 $\bar{p}_{0N}=\{u^*(0),u^*(1),\cdots,u^*(k-1),\bar{u}(k),\bar{u}(k+1),\cdots,\bar{u}(N-1)\}$,则

$$\begin{aligned}J_{0N}[x(0),\bar{p}_{0N}]&=J_{0k-1}[x(0),p_{0k}^*]+J_{kN}[x^*(k),\bar{p}_{kN}]\\&>J_{0k-1}[x(0),p_{0k}^*]+J_{kN}[x^*(k),p_{kN}^*]\\&=J_{0N}[x(0),p_{0N}^*].\end{aligned}$$

这与 $p_{0N}^*=\{u^*(0),u^*(1),\cdots,u^*(N-1)\}$是最优策略矛盾.

定理 4.1.3 $\{J_k^*[x(k)]\}$,$\{u^*(k)\}$分别是最优值函数序列和最优决策序列的充分必要条件是它们满足下列递推方程:

$$J_k^*[x(k)]=\underset{u(k)\in U_k(x(k))}{\text{opt}}[R_k(x(k),u(k))+J_{k+1}^*[x(k+1)]],$$
$$k=N-1,\cdots,2,1.$$

这就是动态规划的基本方程,为解决实际问题提供了有效的计算方法.

4.1.4 逆推算法

当初始状态给定时,可以应用动态规划基本方程,用逆推算法求最优策略.计算步骤是,利用终端条件从 $k=N$ 开始由后向前逆推基本方程,求得各阶段的最优决策和最优值函数,最后算出 $J_0^*[x(0)]$时就得到了最优决策序列

$$\{u^*(0),u^*(1,x(1)),\cdots,u^*(N-1,x(N-1))\},$$

再根据状态转移方程 $x^*(k+1)=f_k(x(k),u^*(k,x(k))$和已知的初始状态,从 $k=0$ 开始由前向后确定 $x^*(k)$,从而得到最优轨线$\{x^*(k),k=0,1,\cdots,N\}$和最优策略 $p_{0N}^*=\{u^*(0),u^*(1,x^*(1)),\cdots,u^*(N-1,x^*(N-1))\}$.这个过程包括两个步骤:迭代和回代.

例 4.1.1 生产计划问题.

某厂用 1000 吨酒精作原料,生产 A 和 B 两种产品,两种产品的收益分别为 $g(y)=0.8y$(千元),$h(z)=0.5z$(千元),其中,y,z 分别是生产两种产品的原料数

量,两种产品的回收率分别为 30%和 60%. 计划分三次生产,每次应如何分配原料,才能获得最大收益.

解　这是一个三阶段的决策问题. 状态变量是每次生产使用原料的总量,决策变量是每次生产用于生产产品 A 的原料数量,状态转移方程为

$$x(k+1)=0.3u(k)+0.6[x(k)-u(k)],\quad k=0,1,2,$$

初始状态为

$$x(0)=1000,$$

允许决策集合为

$$U_k(x(k))=\{u(k)\mid 0\leqslant u(k)\leqslant x(k)\},\quad k=0,1,2,$$

阶段指标为每次生产的收益,即

$$R_k(x(k),u(k))=0.8u(k)+0.5[x(k)-u(k)]=0.3u(k)+0.5x(k),\quad k=0,1,2,$$

指标函数为三次生产的总收益,它是阶段指标之和,即

$$J_0[x(0)]=\sum_{k=0}^{2}R_k(x(k),u(k))=\sum_{k=0}^{2}[0.3u(k)+0.5x(k)],$$

用逆推法求解,

$$J_2^*[x(2)]=\max_{0\leqslant u(2)\leqslant x(2)}\{0.3u(2)+0.5x(2)\}=0.8x(2),$$

$$u^*(2)=x(2),$$

$$\begin{aligned}J_1^*[x(1)]&=\max_{0\leqslant u(1)\leqslant x(1)}\{R_1(x(1),u(1))+J_2^*[x(2)]\}\\&=\max_{0\leqslant u(1)\leqslant x(1)}\{0.3u(1)+0.5x(1)+0.8x(2)\}\\&=\max_{0\leqslant u(1)\leqslant x(1)}\{0.3u(1)+0.5x(1)+0.8\{0.3u(1)+0.6[x(1)-u(1)]\}\}\\&=\max_{0\leqslant u(1)\leqslant x(1)}\{0.6u(1)+0.98x(1)\}\\&=1.04x(1),\end{aligned}$$

$$u^*(1)=x(1),$$

$$\begin{aligned}J_0^*[x(0)]&=\max_{0\leqslant u(0)\leqslant x(0)}\{0.3u(0)+0.5x(0)+1.04x(1)\}\\&=\max_{0\leqslant u(0)\leqslant x(0)}\{0.3u(0)+0.5x(0)\\&\quad+1.04\{0.3u(0)+0.6[x(0)-u(0)]\}\}\\&=\max_{0\leqslant u(0)\leqslant x(0)}\{-0.012u(0)+1.124x(0)\}\\&=1.24x(0)=1124,\end{aligned}$$

$$u^*(0)=0,$$

再由状态转移方程，得

$$x^*(1) = 0.3u^*(0) + 0.6(x(0) - u^*(0)) = 600, \quad u^*(1) = 600,$$
$$x^*(2) = 0.3u^*(1) + 0.6(x(1) - u^*(1)) = 180, \quad u^*(2) = 180,$$

即第一次全部用来生产 B，第二次和第三次全部用来生产 A，总的收益最大.

例 4.1.2 拥有 200 艘船只的某海运公司有两条国际航线可供运营，信息表明，第一条航线运行一个季度将有 1/3 的船只损坏，第二条航线运行一个季度将有 1/10 的船只损坏. 一艘船在第一条航线运行一个季度可获利 6 万元，在第二条航线运行一个季度可获利 4.2 万元. 问怎样分配这 200 艘船只使一年内获得的总利润最大？

解 设 $x(k)$ 表示第 k 个季度可投入的船只数，$u(k)$ 表示第 k 个季度分配到第一条航线运行的船只数，根据题意，可得状态转移方程为

$$x(k) = \frac{2}{3}u(k) + \frac{9}{10}[x(k) - u(k)], \quad k = 1,2,3,4,$$

其中，$x(k)$ 是状态变量，$u(k)$ 是决策变量(或控制变量).

第 k 个季度的获利(单位：千元)为

$$R(k) = 60u(k) + 42[x(k) - u(k)] = 42x(k) + 18u(k),$$

一年内获得的总利润，即指标函数为

$$J[u] = \sum_{k=1}^{4}[42x(k) + 18u(k)],$$

显然，初始条件和约束条件分别为

$$x(1) = 200,$$
$$0 \leqslant u(k) \leqslant x(k), \quad k = 1,2,3,4.$$

这样，问题就是寻求满足约束条件的决策变量 $u^*(k)(k=1,2,3,4)$，使得指标函数 $J[u]$ 达到最大. 这是一个 4 阶段的决策问题，利用动态规划的逆推法求解.

$$J^*[x(4)] = \max_{0 \leqslant u(4) \leqslant x(4)} \{42x(4) + 18u(4)\},$$

显然

$$u^*(4) = x(4),$$
$$J^*[x(4)] = 60x(4) = 60\left[\frac{9}{10}x(3) - \frac{7}{30}u(3)\right] = 54x(3) - 14u(3),$$

根据动态规划的基本方程，可得

$$\begin{aligned} J^*[x(3)] &= \max_{0 \leqslant u(3) \leqslant x(3)} \{42x(3) + 18u(3) + J^*[x(4)]\} \\ &= \max_{0 \leqslant u(3) \leqslant x(3)} \{42x(3) + 18u(3) + 54x(3) - 14u(3)\} \end{aligned}$$

$$= \max_{0 \leqslant u(3) \leqslant x(3)} \{96x(3) + 4u(3)\},$$

易知

$$u^*(3) = x(3),$$

$$J^*[x(3)] = 100x(3) = 100\left[\frac{9}{10}x(2) - \frac{7}{30}u(2)\right] = 90x(2) - \frac{70}{3}u(2),$$

根据动态规划的基本方程,可得

$$J^*[x(2)] = \max_{0 \leqslant u(2) \leqslant x(2)} \{42x(2) + 18u(2) + J^*[x(3)]\}$$

$$= \max_{0 \leqslant u(2) \leqslant x(2)} \left\{42x(2) + 18u(2) + 90x(2) - \frac{70}{3}u(2)\right\}$$

$$= \max_{0 \leqslant u(2) \leqslant x(2)} \left\{132x(2) - \frac{16}{3}u(2)\right\},$$

于是

$$u^*(2) = 0,$$

$$J^*[x(2)] = 132x(2) = 132\left[\frac{9}{10}x(1) - \frac{7}{30}u(1)\right] = \frac{1188}{10}x(1) - \frac{308}{10}u(1),$$

根据动态规划的基本方程,可得一年内获得的总利润为

$$J^*[x(1)] = \max_{0 \leqslant u(1) \leqslant x(1)} \{42x(1) + 18u(1) + J^*[x(2)]\}$$

$$= \max_{0 \leqslant u(1) \leqslant x(1)} \left\{42x(1) + 18u(1) + \frac{1188}{10}x(1) - \frac{308}{10}u(1)\right\}$$

$$= \max_{0 \leqslant u(1) \leqslant x(1)} \left\{\frac{804}{5}x(1) - \frac{64}{5}u(1)\right\},$$

从而

$$u^*(1) = 0,$$

$$J^*[x(1)] = \frac{804}{5}x(1) = 32160.$$

所以最优策略为

$$u^*(1) = 0, \quad u^*(2) = 0, \quad u^*(3) = x^*(3), \quad u^*(4) = x^*(4),$$

将最优策略代入状态转移方程,可得最优状态

$$x(1) = 200,$$

$$x^*(2) = \frac{9}{10}x(1) - \frac{7}{30}u^*(1) = 180,$$

$$x^*(3) = \frac{9}{10}x^*(2) - \frac{7}{30}u^*(2) = 162,$$

$$x^*(4) = \frac{9}{10}x^*(3) - \frac{7}{30}u^*(3) = \frac{2}{3}x^*(3) = 108,$$

将最优状态带入最优策略的表达式,得最优策略

$$u^*(1) = 0, \quad u^*(2) = 0, \quad u^*(3) = x^*(3) = 162, \quad u^*(4) = x^*(4) = 108,$$

即前半年把全部船只投入第二条航线营运,后半年把全部船只投入第一条航线营运,可使一年内获得的总利润最大,其最大利润为 3216 万元.

4.2 动态规划在离散系统最优控制问题中的应用

本节用动态规划方法求解离散系统的最优控制问题.考虑初始时刻和终止时刻给定的离散系统的最优控制问题,设系统的状态方程为

$$x(k+1) = f(x(k), u(k)), \quad k = 0,1,\cdots,N-1, \tag{4.2.1}$$

边界条件为

$$\text{初始状态 } x(0) = x_0, \quad \text{终端 } x(N) \text{ 自由}, \tag{4.2.2}$$

控制约束为

$$u(k) \in U_k, \quad k = 0,1,\cdots,N-1, \tag{4.2.3}$$

性能指标为含有终端性能指标

$$J_0[u] = \Phi(x(N)) + \sum_{k=0}^{N-1} R_k(x(k), u(k)). \tag{4.2.4}$$

最优控制问题是求满足状态约束、初始条件和控制约束的控制序列$\{u^*(k) \mid u^*(k) \in U_k, k=0,1,\cdots,N-1\}$使性能指标 $J_0[u]$达到最大(小)值.

把上述最优控制问题中的控制变量 $u(k)$看成决策,状态方程(4.2.1)视为状态转移方程,性能指标(4.2.4)视为指标函数,上述最优控制问题可视为一个 N 阶段决策问题,可应用动态规划方法来求解.

由于初始状态 $x(0)=x_0$ 给定,终端 $x(N)$自由.可以应用动态规划基本方程

$$J_N^*[x(N)] = \Phi(x(N)),$$

$$J_k^*[x(k)] = \underset{u(k) \in U_k(x(k))}{\text{opt}} [R_k(x(k), u(k)) + J_{k+1}^*[x(k+1)]],$$

$$k = N-1, \cdots, 2, 1,$$

用逆推方法求解.

例 4.2.1 设离散系统的状态方程为

$$x(k+1) = 2x(k) + u(k), \quad k = 0,1,2,$$

初始状态 $x(0)=1$，终端 $x(3)$ 自由，性能指标为

$$J_0 = \sum_{k=0}^{2}[x^2(k) + u^2(k)].$$

求使性能指标达到最小值的控制序列 $u^*(0), u^*(1), u^*(2)$.

解　$J_3^*[x(3)]=0$，首先求

$$J_2^*[x(2)] = \min_{u(2)\in\mathbf{R}}\{x^2(2) + u^2(2)\},$$

显然，$u^*(2)=0$，$J_2^*[x(2)]=x^2(2)$.

其次，求

$$\begin{aligned} J_1^*[x(1)] &= \min_{u(1)\in\mathbf{R}}\{x^2(1) + u^2(1) + J_2^*[x(2)]\} \\ &= \min_{u(1)\in\mathbf{R}}\{x^2(1) + u^2(1) + (2x(1) + u(1)^2\}, \end{aligned}$$

利用驻点法，得

$$u^*(1) = -x(1), \quad J_1^*[x(1)] = 3x^2(1).$$

最后，求

$$\begin{aligned} J_0^*[x(0)] &= \min_{u(1)\in\mathbf{R}}\{x^2(0) + u^2(0) + J_1^*[x(1)]\} \\ &= \min_{u(0)\in\mathbf{R}}\{x^2(0) + u^2(0) + 3(2x(0) + u(0))^2\}, \end{aligned}$$

应用驻点法可求得

$$u^*(0) = -\frac{3}{2}x(0) = -\frac{3}{2},$$

由状态方程，得

$$x^*(1) = 2x(0) + u^*(0) = 2 - \frac{3}{2} = \frac{1}{2},$$

因此

$$u^*(1) = -x(1) = -\frac{1}{2}.$$

于是，所求的最优控制序列为

$$u^*(0) = -\frac{3}{2}, \quad u^*(1) = -\frac{1}{2}, \quad u^*(2) = 0.$$

例 4.2.2　生产计划问题.

设有若干台同样的机器，每台机器可以做两种工作，如果用于做第一种工作，每台每年可获利 3 万元，机器的损坏率为 2/3；如果用于做第二种工作，每台每年可获利 2.5 万元，机器的损坏率为 1/3. 现考虑 3 年的生产周期，试确定如何安排

生产计划可获得最大利润.

解 设第 k 年可用机器的台数为 $x(k)$,第 k 年分配做第一种工作的机器台数为 $u(k)$,显然,第 $k+1$ 年可用机器的台数 $x(k+1)$ 满足状态方程

$$x(k+1)=\frac{1}{3}u(k)+\frac{2}{3}[x(k)-u(k)],$$

$u(k)$满足约束条件

$$0\leqslant u(k)\leqslant x(k),$$

第 k 年获得的利润为

$$R(k)=3u(k)+2.5[x(k)-u(k)]=2.5x(k)+0.5u(k),$$

3 年一共获得的利润,即性能指标为

$$J(u(k))=\sum_{k=1}^{3}R(k)=\sum_{k=1}^{3}[2.5x(k)+0.5u(k)],$$

生产计划问题是寻求满足状态方程和约束条件的控制(决策)序列 $u^*(k)(k=1,2,3)$使性能指标 $J(u(k))$达到最大.

上述最优控制问题的初始状态固定,即

$$x(1)=x_1,$$

终端状态不受约束.把它看做是一个 3 阶段决策问题,利用动态规划的逆推法求解.

首先,从最后一段开始,由性能指标,有

$$J^*[x(3)]=\max_{0\leqslant u(3)\leqslant x(3)}\{2.5x(3)+0.5u(k)\},$$

显然,上述最大值在 $u^*(3)=x(3)$处达到,因此

$$u^*(3)=x(3),$$

$$J^*[x(3)]=3x(3)=3\times\frac{2}{3}[x(2)-u(2)]=2x(2)-2u(2).$$

其次,根据动态规划基本方程,有

$$\begin{aligned}J^*[x(2)]&=\max_{0\leqslant u(2)\leqslant x(2)}\{2.5x(2)+0.5u(2)+J^*[x(3)]\}\\&=\max_{0\leqslant u(2)\leqslant x(2)}\{2.5x(2)+0.5u(2)+2x(2)-2u(2)\}\\&=\max_{0\leqslant u(2)\leqslant x(2)}\{4.5x(2)-1.5u(2)\},\end{aligned}$$

上述最大值在 $u^*(2)=0$ 处达到,于是

$$u^*(2)=0,$$

$$J^*[x(2)]=4.5x(2)=4.5\times\frac{2}{3}[x(1)-u(1)]=3x(1)-3u(1).$$

最后，根据动态规划基本方程，有

$$\begin{aligned}J^*[x(1)] &= \max_{0\leqslant u(1)\leqslant x(1)}\{2.5x(1)+0.5u(1)+J^*[x(2)]\}\\ &= \max_{0\leqslant u(1)\leqslant x(1)}\{2.5x(1)+0.5u(1)+3x(1)-3u(1)\}\\ &= \max_{0\leqslant u(1)\leqslant x(1)}\{5.5x(1)-2.5u(1)\},\end{aligned}$$

上述最大值在 $u^*(1)=0$ 处达到，于是

$$u^*(1)=0,$$
$$J^*[x(1)]=5.5x(1),$$

即 3 年一共获得的最大利润为

$$J^*[x(1)]=5.5x(1)=5.5x_1.$$

从而，最优控制序列为

$$u^*(1)=0,\quad u^*(2)=0,\quad u^*(3)=x(3),$$

最优状态为

$$\begin{aligned}x(1)&=x_1,\\ x^*(2)&=\frac{2}{3}[x(1)-u^*(1)]=\frac{2}{3}x_1,\\ x^*(3)&=\frac{2}{3}[x^*(2)-u^*(2)]=\frac{2}{3}x^*(2)=\frac{4}{9}x_1,\end{aligned}$$

即最优生产计划是：前两年用全部机器做第二种工作，第三年将全部剩下的机器做第一种工作，这样获利最多.

如果终端状态 $x(N)=x_N$ 给定，性能指标(4.2.4)变为

$$J_0[u]=\sum_{k=0}^{N-1}R_k(x(k),u(k)).\tag{4.2.5}$$

可以认为

$$J_N^*[x(N)]=0,$$

并且由状态方程

$$f_{N-1}(x(N-1),u(N-1))=x_N$$

解出 $u^*(N-1)$，再进行逆推.

例 4.2.3　设离散系统的状态方程为

$$x(k+1)=x(k)-u(k),\quad k=0,1,2,$$

边界条件为

$$x(0)=0,\quad x(3)=10,$$

性能指标为

$$J_0 = \sum_{k=0}^{2}[2x^2(k) + u^2(k)].$$

求使性能指标达到最小值的控制序列 $u^*(0), u^*(1), u^*(2)$.

解 这是一个两端固定的最优控制问题,应用动态规划方法求解,由状态方程

$$x(2) - u(2) = x(3) = 10,$$

有

$$u^*(2) = x(2) - 10,$$
$$J_2^*[x(2)] = 2x^2(2) + [10 - x(2)]^2 = 3x^2(2) - 20x(2) + 100,$$

于是

$$\begin{aligned} J_1^*[x(1)] &= \min_{u(1)\in R}\{2x^2(1) + u^2(1) + J_2^*[x(2)]\} \\ &= \min_{u(1)\in R}\{2x^2(1) + u^2(1) + 3[x(1) - u(1)]^2 - 20[x(1) - u(1)] + 100\} \\ &= \min_{u(1)\in R}\{5x^2(1) + 4u^2(1) - 6x(1)u(1) - 20x(1) + 20u(1) + 100\}, \end{aligned}$$

应用驻点法求得

$$u^*(1) = \frac{3}{4}x(1) - \frac{5}{2},$$
$$J_1^*[x(1)] = \frac{11}{4}x^2(1) - 5x(1) + 75,$$

因此,由动态规划基本方程,有

$$\begin{aligned} J_0^*[x(0)] &= \min_{u(0)\in R}\{2x^2(0) + u^2(0) + J_1^*[x(1)]\} \\ &= \min_{u(0)\in R}\{2x^2(0) + u^2(0) + \frac{11}{4}[x(0) - u(0)]^2 - 5[x(0) - u(0)] + 75\} \\ &= \min_{u(0)\in R}\left\{\frac{15}{4}u^2(0) + 5u(0) + 75\right\}, \end{aligned}$$

应用驻点法求得

$$u^*(0) = -\frac{2}{3}, \quad J_0^* = 73\frac{1}{3},$$

再由状态方程和初值得

$$x^*(1) = x(0) - u^*(0) = \frac{2}{3}, \quad u^*(1) = \frac{3}{4}x^*(1) - \frac{5}{2} = -2,$$
$$x^*(2) = x^*(1) - u^*(1) = \frac{2}{3} + 2 = \frac{8}{3}, \quad u^*(2) = x^*(2) - 10 = -\frac{22}{3},$$

所求的最优控制序列为

$$u^*(0)=-\frac{2}{3},\quad u^*(1)=-2,\quad u^*(2)=-\frac{22}{3}.$$

例 4.2.4　离散系统线性二次型最优控制问题.

系统的状态方程为

$$x(k+1)=Ax(k)+Bu(k),\quad k=0,1,\cdots,N-1,\tag{4.2.6}$$

初始状态为 $x(0)=x_0$ 给定,终端状态自由,控制不受约束,性能指标为

$$J_0=x^{\mathrm{T}}(N)Fx(N)+\sum_{k=0}^{N-1}[x^{\mathrm{T}}(k)Qx(k)+u^{\mathrm{T}}(k)Ru(k)],\tag{4.2.7}$$

其中,$x(k)$,$u(k)$分别为 n 维和 m 维列向量,A 为 $n\times n$ 矩阵,B 为 $n\times m$ 矩阵,F,Q 为 $n\times n$ 半正定对称矩阵,R 为 $m\times m$ 正定对称矩阵.最优控制问题是求使性能指标(4.2.7)达到最小的控制序列$\{u^*(k),k=0,1,\cdots,N-1\}$.

解　把它看做是 N 阶段的决策问题,用动态规划求解.

$$J_N^*[x(N)]=x^{\mathrm{T}}(N)Fx(N),$$

从而

$$\begin{aligned}&J_{N-1}^*[x(N-1)]\\&=\min\{x^{\mathrm{T}}(N-1)Qx(N-1)+u^{\mathrm{T}}(N-1)Ru(N-1)+x^{\mathrm{T}}(N)Fx(N)\}\\&=\min\{x^{\mathrm{T}}(N-1)[A^{\mathrm{T}}FA+Q]x(N-1)+u^{\mathrm{T}}(N-1)[B^{\mathrm{T}}FB+R]u(N-1)\\&\quad+x^{\mathrm{T}}(N-1)A^{\mathrm{T}}FBu(N-1)+u^{\mathrm{T}}(N-1)B^{\mathrm{T}}FAx(N-1)\},\end{aligned}\tag{4.2.8}$$

应用驻点法可求得

$$u^*(N-1)=-[R+B^{\mathrm{T}}FB]^{-1}B^{\mathrm{T}}FAx(N-1).$$

为简便起见,令

$$P(N-1)=[R+B^{\mathrm{T}}FB]^{-1}B^{\mathrm{T}}FA,\tag{4.2.9}$$

于是

$$u^*(N-1)=-P(N-1)x(N-1),\tag{4.2.10}$$

$$B^{\mathrm{T}}FA=[R+B^{\mathrm{T}}FB]P(N-1),\tag{4.2.11}$$

将(4.2.10)和(4.2.11)代入(4.2.8)得

$$J_{N-1}^*[x(N-1)]=x^{\mathrm{T}}(N-1)[A^{\mathrm{T}}F[A-BP(N-1)]+Q]x(N-1).$$

为了导出递推关系,令

$$F(N)=F,\quad F(N-1)=A^{\mathrm{T}}F(N)[A-BP(N-1)]+Q,\tag{4.2.12}$$

于是

$$P(N-1)=[R+B^{\mathrm{T}}F(N)B]^{-1}B^{\mathrm{T}}F(N)A, \tag{4.2.13}$$

$$J_{N-1}^{*}[x(N-1)]=x^{\mathrm{T}}(N-1)F(N-1)x(N-1). \tag{4.2.14}$$

由动态规划基本方程

$$\begin{aligned}
&J_{N-2}^{*}[x(N-2)]\\
&=\min\{x^{\mathrm{T}}(N-2)Qx(N-2)+u^{\mathrm{T}}(N-2)Ru(N-2)+J_{N-1}^{*}[x(N-1)]\\
&=\min\{x^{\mathrm{T}}(N-2)Qx(N-2)+u^{\mathrm{T}}(N-2)Ru(N-2)\\
&\quad+[Ax(N-2)+Bu(N-2)^{\mathrm{T}}F(N-1)[Ax(N-2)+Bu(N-2)]\}\\
&=\min\{x^{\mathrm{T}}(N-2)A^{\mathrm{T}}F(N-1)A+Q]x(N-2)\\
&\quad+X^{\mathrm{T}}(N-2)A^{\mathrm{T}}F(N-1)Bu(N-2)+u^{\mathrm{T}}(N-2)B^{\mathrm{T}}F(N-1)Ax(N-2)\\
&\quad+u^{\mathrm{T}}(N-2)[B^{\mathrm{T}}F(N-1)B+R]u(N-2)\},
\end{aligned} \tag{4.2.15}$$

应用驻点法可求得

$$\begin{aligned}
u^{*}(N-2)&=-[R+B^{\mathrm{T}}F(N-1)B]^{-1}B^{\mathrm{T}}F(N-1)Ax(N-2)\\
&=-P(N-2)x(N-2),
\end{aligned} \tag{4.2.16}$$

$$J_{N-2}^{*}[x(N-2)]=x^{\mathrm{T}}(N-2)F(N-2)x(N-2), \tag{4.2.17}$$

其中，

$$P(N-2)=[R+B^{\mathrm{T}}F(N-1)B]^{-1}B^{\mathrm{T}}F(N-1)A, \tag{4.2.18}$$

$$F(N-2)=A^{\mathrm{T}}F(N-1)[A-BP(N-2)]+Q. \tag{4.2.19}$$

一般地，有

$$\begin{aligned}
&u^{*}(k)=-P(k)x(k),\quad J_{k}^{*}[x(k)]=x^{\mathrm{T}}(k)F(k)x(k),\\
&P(k)=[R+B^{\mathrm{T}}F(k+1)B]^{-1}B^{\mathrm{T}}F(k+1)A,\\
&F(k)=A^{\mathrm{T}}F(k+1)[A-BP(k)]+Q,\quad k=N-1,N-2,\cdots,0,\\
&F(N)=F.
\end{aligned} \tag{4.2.20}$$

再由初始值和状态方程可求得最优控制序列$\{u^{*}(k),k=0,1,\cdots,N-1\}$和最优性能指标值$J_{0}^{*}[x(0)]$.

动态规划是处理多阶段问题的有效方法，由于离散系统最优控制问题可以看做多阶段决策问题，因此动态规划也是求解离散系统最优控制问题的特别适用的方法. 比较求解离散系统最优控制问题的变分法、最大值原理和动态规划等三种方法，动态规划的适用范围比较广. 变分法对状态和控制变量有约束的最优控制问题是无能为力的，最大值原理虽然能够处理状态和控制有约束的最优控制问题，但用最大值原理求解最优控制问题的过程中，常常需要求出辅助函数而出现困难，因此使得问题的求解无法进行下去. 而动态规划却不存在上述问题，但是应用动态规划方法时，需注意以下两种情况，其一，当状态变量和控制变量的维数较大时，计算量将以指数形式膨胀，这种计算量随维数的增加而迅速膨胀的情况被贝尔曼称为“维数灾”，它使得计算机无法负担这样大的计算量和存储量. 其二，动态规划是根据最优化原理建立起来的. 这一原理要求多阶段决策过程的“无后效性”，简单地说就是过去的状态和决策只能影响到现今状态的确定. 或者说，对以后发展的影响只能通过对当前状态的影响来实现.

4.3　动态规划在连续系统最优控制问题中的应用

本节介绍动态规划在连续系统最优控制问题中的应用，考虑初始时刻和终止时刻给定的连续系统的最优控制问题，设系统的状态方程为

$$\dot{x}(t) = f(x(t), u(t)), \quad t \in [0, T], \tag{4.3.1}$$

边界条件为

$$\text{初始状态 } x(0) = x_0, \quad \text{终端 } x(T) \text{ 自由}, \tag{4.3.2}$$

性能指标为

$$J[u(t)] = g(x(T)) + \int_0^T F(x(t), u(t))\mathrm{d}t. \tag{4.3.3}$$

将系统(4.3.1)～(4.3.3)嵌入一个大的控制系统中，状态方程为

$$\dot{x}(s) = f(x(s), u(s)), \quad s \in [t, T], \tag{4.3.4}$$

边界条件为

$$\text{初始状态 } x(t) = a, \quad \text{终端 } x(T) \text{ 自由}, \tag{4.3.5}$$

性能指标为

$$J_{a,t}[u(s)] = g(x(T)) + \int_t^T F(x(s), u(s))\mathrm{d}s. \tag{4.3.6}$$

对于 $0 \leqslant t \leqslant T$ 和所有的初始值 $a \in \mathbf{R}^n$，求系统(4.3.4)～(4.3.6)的最优控制.

定义 4.3.1　对于 $a \in \mathbf{R}^n$，$0 \leqslant t \leqslant T$ 定义值函数 $V(a,t)$ 为初始时刻为 t，初始值为 a 的系统(4.3.4)～(4.3.6)的最大性能指标，即

$$V(a,t) = \sup_{u \in A} J_{a,t}[u], \quad a \in \mathbf{R}^n, t \in [0, T], \tag{4.3.7}$$

其中，A 为控制域，注意到 $V(a,T) = g(a)$ $(a \in \mathbf{R}^n)$.

定理 4.3.1(Hamilton-Jacobi-Bellman 方程)　假设值函数 $V(a,t)$ 是自变量的 C^1 函数，则 $V(a,t)$ 满足如下方程：

$$\text{(HJB)} \quad V_t(a,t) + \max_{u \in A}\{f(a,u) \cdot \nabla_a V(a,t) + F(a,u)\} = 0, \quad a \in \mathbf{R}^n, 0 \leqslant t \leqslant T,$$

其中，$V(a,T) = g(a)$ $(a \in \mathbf{R}^n)$，$V_t(a,t) = \dfrac{\partial V}{\partial t}$，$\nabla_a V(a,t) = \left(\dfrac{\partial V}{\partial a_1}, \cdots, \dfrac{\partial V}{\partial a_n}\right)^{\mathrm{T}} = \dfrac{\partial V}{\partial a}$.

称方程(HJB)为 Hamilton-Jacobi-Bellman 方程，简称 HJB 方程. 若记

$$H(a,\lambda)=\max_{u\in A}H(a,\lambda,u)=\max_{u\in A}\{\lambda^{\mathrm{T}}f(a,u)+F(a,u)\},$$

其中，$a,\lambda\in\mathbf{R}^n$，HJB 方程可写为

$$\text{(HJB)}\qquad V(a,T)+H(a,\nabla_a V(a,t))=0,\quad a\in\mathbf{R}^n,0\leqslant t\leqslant T.$$

证明 设 $a\in\mathbf{R}^n$，$0\leqslant t\leqslant T$. 令 $h>0$. 记 $\overline{A}=\{u(\cdot):[t,T]\to A\text{ 可测}\}$.

取任一个 $u\in A$ 使用常值控制 $u(\cdot)=u$ 对 $t\leqslant s\leqslant t+h$，这时状态变量由 $x(t)$ 变为 $x(t+h)$，其中，$t+h<T$. 假设现在时刻为 $t+h$，取一个最优控制使得在 $t+h\leqslant s\leqslant T$ 上达到最优.

在 $t\leqslant s\leqslant t+h$ 上的性能指标为 $\int_t^{t+h}F(x(s),u(s))\mathrm{d}s$，从 $t+h\leqslant s\leqslant T$ 的值函数为 $V(x(t+h),t+h)$，由性能指标定义知 $[t,T]$ 上的性能指标为

$$\int_t^{t+h}F(x(s),u(s))\mathrm{d}s+V(x(t+h),t+h),$$

$[t,T]$ 上的值函数为 $V(a,t)$，因此有

$$V(a,t)\geqslant\int_t^{t+h}F(x(s),u(s))\mathrm{d}s+V(x(t+h),t+h),\tag{4.3.8}$$

将(4.3.8)转成微分形式

$$\frac{V(x(t+h),t+h)-V(a,t)}{h}+\frac{1}{h}\int_t^{t+h}F(x(s),u)\mathrm{d}s\leqslant 0,$$

令 $h\to 0$ 得到

$$V_t(a,t)+\nabla_a V(a,t)f(a,u)+F(a,u)\leqslant 0,$$

上式对任意的 $u\in A$ 均成立，因此有

$$V_t(a,t)+\max_{u\in A}\{\nabla_a V(a,t)f(a,u)+F(a,u)\}\leqslant 0.\tag{4.3.9}$$

下面证明式(4.3.9)的最大值等于零. 为此假设 $u^*(s)$，$x^*(s)$ 为 $t\leqslant s\leqslant T$ 的最优控制和相应的状态，则有

$$V(a,t)=\int_t^{t+h}F(x^*(s),u^*(s))\mathrm{d}s+V(x^*(t+h),t+h),$$

整理并除以 h 得到

$$\frac{V(x^*(t+h),t+h)-V(a,t)}{h}+\frac{1}{h}\int_t^{t+h}F(x^*(s),u^*(s))\mathrm{d}s=0,$$

令 $h\to 0$ 并假设 $u^*(0)=u^*\in A$ 得到

$$V_t(a,t)+\nabla_a V(a,t)f(a,u)+F(a,u)=0.$$

应用动态规划方法求解连续系统最优控制问题的步骤如下：

第一步. 解 Hamilton-Jacobi-Bellman 方程，计算出值函数 V；

第二步. 利用值函数 V 和 Hamilton-Jacobi-Bellman 偏微分方程设计一个最优反馈控制 $u^*(s)$，对每个 $a\in\mathbf{R}^n$ 和 $0\leqslant t\leqslant T$ 定义 $u(a,t)\in A$ 使得 HJB 中的最大值达到，即选取 $u(a,t)\in A$，使得

$$V_t(a,t)+\max_{u\in A}\{f(a,u(a,t))\cdot\nabla_a V(a,t)+F(a,u(a,t))\}=0.$$

解如下的常微分方程：

$$\begin{cases}\dot{x}^*(s)=f(x^*(s),u(x^*(s),s)), & t\leqslant s\leqslant T,\\ x^*(t)=a.\end{cases}$$

定义反馈控制

$$u^*(s)=u(x^*(s),s). \tag{4.3.10}$$

易知 $u^*(s)$是最优的.

例 4.3.1　我们考虑一个简单的控制系统，系统的状态方程为

$$\begin{cases}\dot{x}(s)=u(s), & 0\leqslant t\leqslant s\leqslant 1,\\ x(t)=a,\end{cases}$$

控制集 $A=\{-1,0,1\}$.

性能指标为

$$J[u(t)]=\int_t^1 |x(t)|\,\mathrm{d}t,$$

求 $J[u(t)]=\int_t^1 |x(t)|\,\mathrm{d}t$ 的最小值.

解　首先将上述问题转化为求最大值

$$J[u(t)]=-\int_t^1 |x(t)|\,\mathrm{d}t,$$

再求值函数 $V(a,t)$，最后解适当的 Hamilton-Jacobi-Bellman 方程. 为此先给出三个区域：

$$\begin{aligned}&\text{Region I}=\{(x,t):x<t-1,0\leqslant t\leqslant 1\},\\ &\text{Region II}=\{(x,t):t-1<x<1-t,0\leqslant t\leqslant 1\},\\ &\text{Region III}=\{(x,t):x>1-t,0\leqslant t\leqslant 1\}.\end{aligned}$$

在 Region Ⅲ，选取 $u\equiv-1$，使得 $x(t)$尽可能快地逼近原点，则

$$V(x,t)=-(1-t)\cdot\frac{1}{2}(x+x+1-t)=-\frac{1-t}{2}(2x+1-t).$$

在 Region Ⅰ，选取 $u\equiv1$，使得 $x(t)$尽可能快地逼近原点，同样可计算出

$$V(x,t)=-\frac{1-t}{2}(-2x+t-1).$$

在 RegionⅡ,先选取 $u\equiv1$,直到(t,x)到达$(t_1,0)$然后再取 $u\equiv0$,因此有

$$V(x,t)=-\frac{x^2}{2}.$$

Hamilton-Jacobi-Bellman 方程为

$$V_t(a,t)+\max_{u\in A}\{f(a,u(a,t))\cdot\nabla_a V(a,t)+F(a,u(a,t))\}=0,$$

其中,$f=u,F=-|x|$,重写上式得到

$$V_t(a,t)+\max_{u\in A}\{u\cdot\nabla_a V(a,t)\}-|x|=0,$$

即

$$V_t(a,t)+(|V_x(a,t)|-|x|)=0.$$

下面检验值函数 $V(a,t)$是定义在 RegionⅠ～Ⅲ上,满足终端条件上述偏微分方程的解.

在 RegionⅡ上,$V(x,t)=-\frac{x^2}{2},V_t=0,V_x=-x$. 因此

$$V_t(a,t)+|V_x(a,t)|-|x|=0+|-x|-|x|=0$$

与(HJB)方程一致.

在 RegionⅢ上,$V(x,t)=-\frac{1-t}{2}(2x+1-t),V_x=t-1,V_t=x+t-1,0\leqslant t\leqslant 1$,因此

$$V_t(a,t)+|V_x(a,t)|-|x|=a+t-1+|t-1|-|a|=0,$$

在此区域中 $a>0$.

在 RegionⅠ上,$V(x,t)=-\frac{1-t}{2}(-2x+t-1),V_x=1-t,V_t=-x+t-1,x<0$,所以

$$V_t(a,t)+|V_x(a,t)|-|x|=-a+t-1+|1-t|-|a|=0.$$

注 (i) V 在区域 RegionⅠ～Ⅲ边界不是连续可微的.

(ii) 一般情况下,有可能找不到最优反馈控制. 例如,在上述问题中令 $A=\{-1,1\}$仍有$|u|=\mathrm{sgn}(V_x)$,但是在 RegionⅡ中无最优控制.

例 4.3.2 火箭轨道车的运动方程为

$$\begin{pmatrix}x_1\\x_2\end{pmatrix}'=\begin{pmatrix}0&1\\0&0\end{pmatrix}\begin{pmatrix}x_1\\x_2\end{pmatrix}+\begin{pmatrix}0\\1\end{pmatrix}u,\quad |u|\leqslant1,$$

性能指标是

$$J[u]=\int_0^\tau -t\mathrm{d}t.$$

运用动态规划方法求最优控制. 定义 $V(x_1,x_2)$ 为从 (x_1,x_2) 转移到 $(0,0)$ 的负时间. 显然 $V(x_1,x_2)$ 不依赖于 t. 因此它所满足的 Hamilton-Jacobi-Bellman 方程为

$$\max_{u\in A}\{f\cdot\nabla_x V+F\}=0,$$

其中, $A=[-1,1]$, $f=\begin{pmatrix}x_2\\u\end{pmatrix}$, $F=-1$. 从而有

$$\max_{|u|\leqslant 1}\{x_2V_{x_1}+uV_{x_2}-1\}=0,$$

即(HJB)方程为

$$\text{(HJB)}\qquad\begin{cases}x_2V_{x_1}+|V_{x_2}|-1=0,\\V(0,0)=0.\end{cases}$$

首先确定 $V(x_1,x_2)$ 满足(HJB). 为此定义区域

$$\text{Region I}=\left\{(x_1,x_2)\mid x_1\geqslant-\frac{1}{2}x_2|x_2|\right\},$$

$$\text{Region II}=\left\{(x_1,x_2)\mid x_1<-\frac{1}{2}x_2|x_2|\right\}.$$

直接计算,得到

$$V(x_1,x_2)=\begin{cases}-x_2-2\left(x_1+\dfrac{1}{2}x_2^2\right)^{1/2}, & \text{在 Region I 中},\\ x_2-2\left(-x_1+\dfrac{1}{2}x_2^2\right)^{1/2}, & \text{在 Region II 中}.\end{cases}$$

在 Region I 中, $V_{x_1}=-\left(x_1+\frac{1}{2}x_2^2\right)^{-1/2}$, $V_{x_2}=-1-\left(x_1+\frac{1}{2}x_2^2\right)^{-1/2}\cdot x_2$. 因此

$$x_2V_{x_1}+|V_{x_2}|-1=-x_2\left(x_1+\frac{1}{2}x_2^2\right)^{-1/2}+\left[1+\left(x_1+\frac{1}{2}x_2^2\right)^{-1/2}\cdot x_2\right]-1=0.$$

同理可证明(HJB)方程在 Region II 上也成立.

从而 $\max_{|u|\leqslant 1}\{x_2V_{x_1}+uV_{x_2}-1\}=0$, 所以最优控制为 $u=\mathrm{sgn}(V_{x_2})$.

例 4.3.3(一般线性二次调节器问题)　系统的状态方程为

$$\dot{x}(t)=Mx(t)+Nu(t),\quad t\in[0,T],$$

性能指标为

$$J[u]=x^{\mathrm T}(T)Dx(T)+\int_0^{\mathrm T}x^{\mathrm T}(t)Bx(t)+u^{\mathrm T}(t)Cu(t)\,\mathrm dt,$$

其中, $M,B,D\in M^{n\times n}$, $N\in M^{n\times m}$, $C\in M^{m\times m}$, B,C,D 是对称非负定矩阵, 并且 C 是可逆的. 线性二次调节器问题是求反馈形式的最优控制 $u^*(t)$, 使得 $J[u]$ 取最小值.

记

$$J_{x,t}[u]=-x^{\mathrm{T}}(T)Dx(T)-\int_t^T x^{\mathrm{T}}(s)Bx(s)+u^{\mathrm{T}}(s)Cu(s)\mathrm{d}s.$$

首先计算 Hamilton-Jacobi-Bellman 方程

$$V_t+\max_{u\in A}\{f\cdot\nabla_x V+F\}=0,$$

其中，$f=Mx+Nu$，$F=-x^{\mathrm{T}}Bx-u^{\mathrm{T}}Cu$，$g=-x^{\mathrm{T}}Dx$.

重写(HJB)方程

$$V_t+\max_{u\in R^m}\{(\nabla_x V)^{\mathrm{T}}Nu-u^{\mathrm{T}}Cu\}+(\nabla_x V)^{\mathrm{T}}Mx-x^{\mathrm{T}}Bx=0.$$

$$V(x,T)=g(x(T))=-x^{\mathrm{T}}Dx.$$

为求最优控制 u，只需计算 $Q(u)=(\nabla_x V)^{\mathrm{T}}Nu-u^{\mathrm{T}}Cu$ 达到最大值，即计算

$$Q_{u_j}=\sum_{i=1}^{n}(V_{x_i}N_{ij}-2u_iC_{ij})=0.$$

因此，$(\nabla_x V)^{\mathrm{T}}N=2u^{\mathrm{T}}C$，从而

$$2C^{\mathrm{T}}u=N^{\mathrm{T}}\nabla V,\quad C^{\mathrm{T}}=C,$$

所以

$$u=\frac{1}{2}C^{-1}N^{\mathrm{T}}(\nabla V).$$

这是一个反馈最优控制，它对计算 V 很有用.

为寻找值函数 $V(x,t)$，将 $u=\frac{1}{2}C^{-1}N^{\mathrm{T}}(\nabla V)$. 代入(HJB)中得到

$$\text{(HJB)}\qquad\begin{cases}V_t+\dfrac{1}{4}(\nabla V)^{\mathrm{T}}NC^{-1}N^{\mathrm{T}}\ \nabla V+(\nabla V)^{\mathrm{T}}Mx-x^{\mathrm{T}}Bx=0,\\ V(x,T)=-x^{\mathrm{T}}Dx.\end{cases}$$

我们猜想 $V(x,t)=x^{\mathrm{T}}K(t)x$，$K(t)$为对称 $n\times n$ 矩阵.

注意到 $x^{\mathrm{T}}K(t)x=V(x,T)=-x^{\mathrm{T}}Dx$. 因而有 $K(T)=-D$.

$$V_t=x^{\mathrm{T}}\dot{K}(t)x,\quad \nabla_x V=2K(t)x.$$

将上式和 $V(x,t)=x^{\mathrm{T}}K(t)x$ 代入(HJB)，会发现

$$x^{\mathrm{T}}[\dot{K}(t)+K(t)NC^{-1}N^{\mathrm{T}}K(t)+2K(t)M-B]x=0.$$

而

$$2x^{\mathrm{T}}K(t)Mx=x^{\mathrm{T}}KMx+(x^{\mathrm{T}}KMx)^{\mathrm{T}}=x^{\mathrm{T}}KMx+x^{\mathrm{T}}M^{\mathrm{T}}Kx,$$

那么

$$x^{\mathrm{T}}(\dot{K}+KNC^{-1}N^{\mathrm{T}}K+KM+M^{\mathrm{T}}K-B)x=0.$$

如果 $K(t)$满足矩阵 Riccati 方程：

$$(\mathrm{R})\quad \begin{cases} \dot{K}(t)+K(t)NC^{-1}N^{\mathrm{T}}K(t)+K(t)M+M^{\mathrm{T}}K(t)-B=0, \\ K(T)=-D, \end{cases}\quad 0\leqslant t\leqslant T.$$

事实上（R）有解.这样就构造出最优反馈控制 $u=C^{-1}N^{\mathrm{T}}K(t)x(t)$.

例 4.3.4 系统的状态方程为

$$\dot{x}=u,$$

初始状态为

$$x(0)=x_0,$$

终止时刻 t_1 不定，终端自由，性能指标为

$$J[u]=\int_0^{t_1}\left(x^2+u^2+\frac{1}{4}x^4\right)\mathrm{d}t.$$

求使 $J[u]$取极小的反馈控制 $u^*(t)$.

解 记

$$H=x^2+u^2+\frac{1}{4}x^4+\frac{\partial V^*}{\partial x}u,$$

根据 HJB 方程

$$0=\frac{\partial H}{\partial u}=2u+\frac{\partial V^*}{\partial x},$$

所以

$$u^*=-\frac{1}{2}\frac{\partial V^*}{\partial x}.$$

再由 HJB 方程，有

$$0=x^2+\frac{1}{4}\left(\frac{\partial V^*}{\partial x}\right)^2+\frac{1}{4}x^4-\frac{1}{2}\left(\frac{\partial V^*}{\partial x}\right)^2,$$

故

$$\left(\frac{\partial V^*}{\partial x}\right)^2=4x^2+x^4,$$

从而反馈控制为

$$u^*=-\frac{1}{2}\sqrt{4x^2+x^4}.$$

习 题 4

1. 某工厂计划用 80 工时生产甲、乙、丙三种商品，生产每种商品的任何一件都需要一个工

时.三种商品的售价分别为

$$100-u_0,\quad 120-u_1,\quad 150-2u_2,$$

其中,u_0,u_1 和 u_2 分别为甲、乙、丙三种商品生产的数量,而它们的生产费用分别为

$$40u_0,\quad 30u_1,\quad 30u_2,$$

问怎样安排生产,才能获利最大?

2. 设离散系统的状态方程为

$$x(k+1)=2x(k)+u(k),\quad k=0,1,2,\quad x(0)=1,$$

性能指标为

$$J_0=\sum_{k=0}^{2}[x^2(k)+u^2(k)].$$

求使性能指标达到最小值的控制序列 $u^*(0)$,$u^*(1)$,$u^*(2)$.

3. 设离散系统的状态方程为

$$x(k+1)=x(k)+u(k),\quad k=0,1,2,\quad x(0)=1,$$

性能指标为

$$J_0=x^2(3)+\sum_{k=0}^{2}[x^2(k)+u^2(k)].$$

求使性能指标达到最小值的控制序列 $u^*(0)$,$u^*(1)$,$u^*(2)$.

4. 设离散系统的状态方程为

$$x(k+1)=Ax(k)+Bu(k),\quad k=0,1,2,\quad x(0)=(-1,0,1)^{\mathrm{T}},$$

其中,

$$x(k)=(x_1(k),x_2(k),x_3(k))^{\mathrm{T}},\quad A=\begin{pmatrix}1&0&0\\-1&1&0\\0&-1&1\end{pmatrix},\quad B=\begin{pmatrix}1\\0\\0\end{pmatrix},$$

性能指标为

$$J_0=x_1^2(3)+\sum_{k=0}^{2}[x_3^2(k)+u^2(k)].$$

求最优控制序列 $u^*(0)$,$u^*(1)$,$u^*(2)$使性能指标 J_0 达到最小值.

5. 设离散系统的状态方程为

$$x(k+1)=x(k)-u(k),\quad k=0,1,2,3.$$

两端固定

$$x(0)=1,\quad x(4)=3,$$

性能指标为

$$J_0=\sum_{k=0}^{3}[x^2(k)+u^2(k)].$$

求控制序列 $u^*(0), u^*(1), u^*(2), u^*(3)$ 使性能指标 J_0 达到最小值.

6. 设离散系统的状态方程为

$$x(k+1) = 2x(k) + 3u(k), \quad k = 0,1,2,$$

两端固定

$$x(0) = 0, \quad x(3) = 6,$$

控制约束为

$$0 \leqslant u(k) \leqslant 4, \quad k = 0,1,2,$$

性能指标为

$$J_0 = \sum_{k=0}^{2}[x(k) - 2u(k)].$$

求控制序列 $u^*(0), u^*(1), u^*(2)$ 使性能指标 J_0 达到最大值.

7. 设非线性离散系统的状态方程为

$$x(k+1) = \mathrm{e}^{x(k)} + u(k), \quad k = 0,1,2,$$

初始条件为

$$x(0) = 0,$$

控制约束为

$$0 \leqslant u(k) \leqslant x(k), \quad k = 0,1,2,$$

性能指标为

$$J_0 = x^2(3) + \sum_{k=0}^{2}[x^2(k) + u^2(k)].$$

求控制序列 $u^*(0), u^*(1), u^*(2)$ 使性能指标 J_0 达到最小值.

8. 设控制系统的状态方程为

$$\dot{x} = u, \quad x(0) = x_0,$$

终止时刻 t_1 不定,终端自由,系统的性能指标为

$$J = \int_0^{t_1}\left(\frac{1}{2}x^2 + \frac{1}{2}ru^2\right)\mathrm{d}t,$$

试求使性能指标 J 达到极小的反馈控制 $u^*(t)$,其中,r 为非负常数.

第 5 章　可控性和可观测性

可控性和可观测性是现代控制理论中的两个重要概念. 它是由卡尔曼(Kalman)在 1960 年提出的. 在设计一个控制系统时,必须考虑到它的可行性,即控制变量 u 对系统的状态变量 x 的影响能否使其达到预期的目的. 如果在某控制问题中,系统的状态所要到达的最终目标根本无法实现,那么这个控制问题的模型就是不合理的. 为了判断一个控制问题的合理性和可行性,必须讨论它的可控性. 在许多问题中,系统的状态变量不是由直接测量得到的,它是通过某种观测手段而得到的,那么由某种观测系统所得到的结果能否真实的反映系统的状态就是系统的可观测性问题.

本章介绍控制系统的可控性和可观测性的定义及其判别方法.

5.1　可　控　性

本节只讨论线性系统的可控性. 先看一个不可控的例子.

系统的状态方程是

$$\begin{aligned} \dot{x}_1 &= x_1 + u(t), \\ \dot{x}_2 &= x_1 - 2x_2 + u(t). \end{aligned}$$

如果初始状态为坐标原点,那么状态 $x(t)$ 由控制 u 完全确定.

$$\begin{aligned} x(t) &= \begin{pmatrix} x_1(t) \\ x_2(t) \end{pmatrix} \\ &= \int_0^t \begin{pmatrix} \mathrm{e}^{-(t-\tau)} & 0 \\ \mathrm{e}^{-(t-\tau)} - \mathrm{e}^{-2(t-\tau)} & \mathrm{e}^{-2(t-\tau)} \end{pmatrix} \begin{pmatrix} 1 \\ 1 \end{pmatrix} u(\tau)\,\mathrm{d}\tau \\ &= \int_0^t \begin{pmatrix} \mathrm{e}^{-(t-\tau)} \\ \mathrm{e}^{-(t-\tau)} \end{pmatrix} u(\tau)\,\mathrm{d}\tau. \end{aligned}$$

由上式可见,不论 $u(t)$ 取什么值,状态 $x(t)$ 的两个分量在任何时刻都相等,即

$$x_1(t) = x_2(t).$$

这表明系统的状态轨线总是在过原点且斜率 $k=1$ 的直线上. 因此当初始点为坐标原点时,任何控制函数 $u(t)$ 都不能使状态到达该直线外的任何点,因此这个系统是不可控的.

定义 5.1.1　线性控制系统

$$\dot{x} = A(t)x(t) + B(t)u(t) \tag{5.1.1}$$

中 $A(t)$ 是 n 阶方阵，$B(t)$ 是 $n\times m$ 矩阵，$u(t)=(u_1(t),\cdots,u_m(t))^{\mathrm{T}}$. 系统(5.1.1)称为在 t_0 处可控，如果对 $\mathbf{R}^n$ 中任何 x_0 和 x_1，在某一时间区间 $t_0\leqslant t\leqslant t_1$ 上，存在一个分段的连续控制向量函数 $u(t)$，使状态方程(5.1.1)存在解 $x(t)$ 满足 $x(t_0)=x_0$ 和 $x(t_1)=x_1$.

在上面的定义中取消对时间 t_0 的依赖，就有

定义 5.1.2　控制过程(5.1.1)称为可控，如果对 $\mathbf{R}^n$ 中任何 x_0 和 x_1，在有限时间内，存在一个分段连续的控制向量 $u(t)$，使(5.1.1)的解 $x(t)$ 由 $x(t_0)=x_0$ 转移到 $x(t_1)=x_1$.

下面给出一个线性自治系统可控的充分必要条件.

定理 5.1.1　设线性自治控制系统的状态方程为

$$\dot{x} = Ax + Bu,\quad u\in U = \mathbf{R}^m, \tag{5.1.2}$$

其中，A 为 n 阶常矩阵，B 为 $n\times m$ 常矩阵，控制系统(5.1.2)是可控的充分必要条件是 $n\times(n\times m)$ 阶矩阵

$$T = (B, AB, \cdots, A^{n-1}B)$$

的秩为 n.

证明　必要性. 反证法. 设系统(5.1.2)是可控的，但

$$秩\ T < n,$$

于是存在非零向量 $V\in\mathbf{R}^n$，使得

$$V^{\mathrm{T}}T = 0,$$

即

$$V^{\mathrm{T}}B = V^{\mathrm{T}}AB = \cdots = V^{\mathrm{T}}A^{n-1}B = 0. \tag{5.1.3}$$

由凯莱-哈密顿(Cayley-Hamilton)定理，矩阵 A 满足它自己的特征方程，即存在实数 $C_1, C_2, \cdots, C_n$，使得

$$A^n = C_1A^{n-1} + C_2A^{n-2} + \cdots + C_nI, \tag{5.1.4}$$

其中，I 是 n 阶单位阵. 于是，由(5.1.3)和(5.1.4)可得

$$\begin{aligned} V^{\mathrm{T}}A^nB &= C_1V^{\mathrm{T}}A^{n-1}B + C_2V^{\mathrm{T}}A^{n-2}B + \cdots + C_nV^{\mathrm{T}}B \\ &= 0, \end{aligned} \tag{5.1.5}$$

由(5.1.4)，对任何的 $k=0,1,2,\cdots$，都有

$$A^{n+k} = C_1A^{n+k-1} + C_2A^{n+k-2} + \cdots + C_nA^k, \tag{5.1.6}$$

由(5.1.3)～(5.1.6)和数学归纳法可知，对任何的 $k=0,1,2,\cdots$，都有

$$V^{\mathrm{T}}A^kB=0,$$

因而

$$V^{\mathrm{T}}\mathrm{e}^{At}B=V^{\mathrm{T}}\left(I+At+\frac{1}{2!}A^2t^2+\cdots\right)B=0 \tag{5.1.7}$$

对一切实数 t 成立. 然而，按控制 $u(t)$，系统(5.1.2)满足初值 $x(0)=0$ 的解 $x(t)$ 为

$$x(t)=\mathrm{e}^{At}\int_0^t \mathrm{e}^{-As}Bu(s)\mathrm{d}s,$$

所以由(5.1.7)即可得出，对一切 $t>0$ 则有

$$V^{\mathrm{T}}\cdot x(t)=\int_0^t V^{\mathrm{T}}\cdot \mathrm{e}^{A(t-s)}Bu(s)\mathrm{d}s=0,$$

这就是说，由初值 $x(0)=0$ 出发，在任何控制 $u(t)$的作用下，状态轨线可达到的点矢量 $x(t)$都与向量 V 正交，这与可控性的假设矛盾，必要性证毕.

充分性. 设

$$\text{秩 } T=n$$

若不可控，则

$$\bigcup_{t>0}\left\{\mathrm{e}^{At}x_0+\int_0^t \mathrm{e}^{A(t-s)}Bu(s)\mathrm{d}s,u\text{ 为分段连续向量函数}\right\}\neq \mathbf{R}^n,$$

令

$$E=\left\{\int_0^1 \mathrm{e}^{A(1-s)}Bu(s)\mathrm{d}s,u\text{ 为分段连续向量函数}\right\},$$

则 $E\neq\mathbf{R}^n$，设 E 的最大线性无关向量组的向量个数为 r，$x_1,x_2,\cdots,x_r$ 是 E 的最大线性无关向量组，其中，x_i 所对应的控制函数为 u_i.

易知 E 是 $r(r<n)$维线性空间，从而存在向量 $V\in\mathbf{R}^n$ 与 $x_1,x_2,\cdots,x_r$ 都正交，于是 $V\in\mathbf{R}^n$ 与 E 中任一向量正交，因此

$$V^{\mathrm{T}}\int_0^1 \mathrm{e}^{A(1-s)}Bu(s)\mathrm{d}s=0,$$

其中，$u(s)$为任一分段连续向量函数，或者

$$\int_0^1 V^{\mathrm{T}}\mathrm{e}^{A(1-s)}Bu(s)\mathrm{d}s=0,$$

由 $u(s)$的任意性，可知

$$V^{\mathrm{T}}\mathrm{e}^{A(1-s)}B\equiv 0,\quad 0\leqslant s\leqslant 1,$$

将上式对 s 求各阶导数，并令 $s=1$，得

$$V^{\mathrm{T}}B = 0, \quad V^{\mathrm{T}}AB = 0, \quad \cdots, \quad V^{\mathrm{T}}A^{n-1}B = 0,$$

这与矩阵 T 的秩为 n 矛盾.

例 5.1.1　考察系统

$$\dot{x} = \begin{pmatrix} 0 & 1 & 0 \\ 1 & 0 & 0 \\ a & b & c \end{pmatrix} x + \begin{pmatrix} 0 \\ 1 \\ 0 \end{pmatrix} u$$

的可控性.

解　矩阵

$$T = (B, AB, A^2B) = \begin{pmatrix} 0 & 1 & 0 \\ 1 & 0 & 1 \\ 0 & b & a + bc \end{pmatrix},$$

而矩阵 T 的行列式

$$\det T = -(a + bc),$$

所以当 $a+bc\neq 0$ 时,该系统可控,当 $a+bc=0$ 时,该系统是不可控的.

例 5.1.2　考察系统

$$\dot{x} = \begin{pmatrix} 2 & 1 & 0 \\ 0 & 2 & 0 \\ 0 & 0 & 2 \end{pmatrix} x + \begin{pmatrix} a \\ b \\ c \end{pmatrix} u$$

的可控性.

解　矩阵

$$T = (B, AB, A^2B) = \begin{pmatrix} a & 2a + b & 4a + 4b \\ b & 2b & 4b \\ c & 2c & 4c \end{pmatrix},$$

可见矩阵 T 的秩不管 a, b, c 为何值都小于 3,所以根据定理 5.1.1 可知,该系统是不可控的.

现在回头研究本章所举的不可控的例子.这个例子用定理 5.1.1 很容易判明它是不可控的.事实上,它可以写成

$$\dot{x} = \begin{pmatrix} -1 & 0 \\ 1 & -2 \end{pmatrix} x + \begin{pmatrix} 1 \\ 1 \end{pmatrix} u,$$

相应的矩阵

$$T = \begin{pmatrix} 1 & -1 \\ 1 & -1 \end{pmatrix},$$

秩 $T=1$,所以该系统是不可控的.

例 5.1.3 考察系统

$$\dot{x}=\begin{pmatrix}1&2&0\\2&1&0\\1&0&1\end{pmatrix}x+\begin{pmatrix}1&0\\0&0\\1&1\end{pmatrix}\begin{pmatrix}u_1\\u_2\end{pmatrix}$$

的可控性.

解

$$T=(B,AB,A^2B)=\begin{pmatrix}1&0&1&0&5&0\\0&0&2&0&4&0\\1&1&2&1&3&1\end{pmatrix},$$

它的子矩阵

$$\begin{pmatrix}1&0&1\\0&0&2\\1&1&2\end{pmatrix}$$

的秩等于 3,可知该系统是可控的.

定理 5.1.2 线性自治控制系统

$$\dot{x}=Ax+Bu, \tag{5.1.8}$$

经过非奇异变换后,可控性不变.

证明 事实上,通过变换

$$y=Qx,$$

系统(5.1.8)化为

$$\dot{y}=\widetilde{A}y+\widetilde{B}u, \tag{5.1.9}$$

其中,$\widetilde{A}=QAQ^{-1}$,$\widetilde{B}=QB$,Q 为非奇异矩阵.

根据定理 5.1.1,系统(5.1.8)可控的充分必要条件是

$$\text{秩 } T=\text{秩}(B,AB,\cdots,A^{n-1}B)=n.$$

由计算可得

$$\begin{aligned}\text{秩 } T=&\text{ 秩 } Q(B,AB,\cdots,A^{n-1}B)\\=&\text{ 秩}(\widetilde{B},\widetilde{A}\widetilde{B},\cdots,\widetilde{A}^{n-1}\widetilde{B})=n,\end{aligned}$$

因此系统(5.1.9)也是可控的.

经过非奇异变换得到的系统称为原系统的等价系统.

高阶线性自治系统

$$y^{(n)}+a_1y^{(n-1)}+\cdots+a_ny=u(t), \tag{5.1.10}$$

其中,$u(t)$是控制函数,$a_1,\cdots,a_n$ 为实常数.通过变换

$$x_1 = y,\quad x_2 = \dot{y},\quad \cdots,\quad x_{n-1} = y^{(n-2)},\quad x_n = y^{(n-1)},$$

可将(5.1.10)化为

$$\dot{x} = \begin{pmatrix} \dot{x}_1 \\ \dot{x}_2 \\ \vdots \\ \dot{x}_{n-1} \\ \dot{x}_n \end{pmatrix} = \begin{pmatrix} 0 & 1 & 0 & \cdots & 0 \\ 0 & 0 & 1 & \cdots & 0 \\ \vdots & \vdots & \vdots & & \vdots \\ 0 & 0 & 0 & \cdots & 1 \\ -a_n & -a_{n-1} & -a_{n-2} & \cdots & -a_1 \end{pmatrix} x + \begin{pmatrix} 0 \\ 0 \\ \vdots \\ 0 \\ 1 \end{pmatrix} u. \qquad (5.1.11)$$

如果系统(5.1.11)可控,就说系统(5.1.10)是可控的.由定理 5.1.1 不难验证系统(5.1.11)是可控的(习题 5 的第 3 题).因此,不论(5.1.10)的系数 $a_1,\cdots,a_n$ 是什么数值,它总是可控的.

对于实际应用的最优控制问题,控制函数 $u(t)$的取值通常是受到某种限制的.对于控制函数受限制的情形,受控系统的可控性需要如下的定义.

定义 5.1.3　设 D_0 为 $\mathbf{R}^n$ 中的一个点集,如果对于 D_0 中的每一个点 x_0,都存在相应的控制函数 $u(t)\in U\subset\mathbf{R}^n$,使得在该控制函数的作用下,系统(5.1.1)由 $x(t_0)=x_0$ 出发的解于 $t_1(t_1>t_0)$时到达坐标原点,则称集合 D_0 为时刻 t_0 的零可控性域.

在受控系统的控制函数 $u(t)$的取值受到某种限制的情形下,有如下的定理.

定理 5.1.3　考察线性自治系统

$$\dot{x} = Ax + Bu,\quad u \in U. \qquad (5.1.12)$$

假设下面的三个条件成立:

(i) O 为 U 的内点.

(ii) 秩$(B,AB,\cdots,A^{n-1}B)=n$.

(iii) A 每一个特征值 λ 满足 $\mathrm{Re}\lambda\leqslant 0$,

那么在任意时刻 t_0 处的零可控性域都等于 $\mathbf{R}^n$.

证明　不失一般性,假设 $\mathbf{R}^m$ 中的长方体(不妨设$|u|\leqslant 1$)包含在 U 中.因为是自治系统,可设 $t_0=0$,并在某时刻 t 到达原点,于是由相轨线的表达式可得

$$0 = \mathrm{e}^{At}\left(x_0 + \int_0^t \mathrm{e}^{-A\tau} Bu(\tau)\mathrm{d}\tau\right),$$

则有

$$x_0 = -\int_0^t \mathrm{e}^{-A\tau} Bu(\tau)\mathrm{d}\tau,$$

简记

$$y(t,u)=\int_0^t e^{-A\tau}Bu(\tau)\mathrm{d}\tau.$$

如果能证明

$$\mathfrak{R}=\bigcup_{t\geqslant 0}\mathfrak{R}(t)=\bigcup_{t\geqslant 0}\{y(t,u):|u|\leqslant 1,t\geqslant 0\}=\mathbf{R}^n,$$

这就完成了本定理的证明.

往证 $\mathfrak{R}$ 是 $\mathbf{R}^n$ 的凸集. 事实上,如果

$$y(t_i,u_i)\in\mathfrak{R},\quad i=1,\cdots,r.$$

取

$$\bar{t}=\max\{t_1,\cdots,t_r\}.$$

作控制函数 $\tilde{u}_i(t)$

$$\tilde{u}_i(t)=\begin{cases}u_i(t), & 0\leqslant t\leqslant t_i,\\ 0, & t_i<t\leqslant\bar{t}.\end{cases}$$

当 $\alpha_i\geqslant 0$, $\sum\limits_{i=1}^{r}\alpha_i=1$ 时,

$$\begin{aligned}&\alpha_1 y(t_1,u_1)+\cdots+\alpha_r y(t_r,u_r)\\ &=\alpha_1\int_0^{t_1}e^{-A\tau}Bu_1(\tau)\mathrm{d}\tau+\cdots+\alpha_r\int_0^{t_r}e^{-A\tau}Bu_r(\tau)\mathrm{d}\tau\\ &=\int_0^{\bar{t}}e^{-A\tau}B[\alpha_1\tilde{u}_1(\tau)+\cdots+\alpha_r\tilde{u}_r(\tau)]\mathrm{d}\tau,\end{aligned}$$

因为

$$|\alpha_1\tilde{u}_1+\cdots+\alpha_r\tilde{u}_r|\leqslant 1,\quad 0\leqslant t\leqslant\bar{t},$$

所以

$$\int_0^{\bar{t}}e^{-A\tau}B(\alpha_1\tilde{u}_1+\cdots+\alpha_r\tilde{u}_r)\mathrm{d}\tau\in\mathfrak{R},$$

这就证明了 $\mathfrak{R}$ 是凸集. 若 $\mathfrak{R}\neq\mathbf{R}^n$,根据支撑超平面定理,存在一个 n 维向量 $\eta\neq 0$ 和 $\mathfrak{R}$ 外的一点 $E\in\mathbf{R}^n$,使得

$$\eta^{\mathrm{T}}y(t,u)\leqslant\eta^{\mathrm{T}}E,\tag{5.1.13}$$

其中,$y(t,u)$是 $\mathfrak{R}$ 中的任意一点. 因此为了证明 $\mathfrak{R}=\mathbf{R}^n$,只需证明(5.1.13)不成立就可以了. 为此若能证明对 $\mathbf{R}^n$ 中每一个 $\eta\neq 0$,存在一个容许控制 u^*,使得当 $t\to+\infty$时有

$$\eta^{\mathrm{T}}y(t,u^*)\to+\infty.$$

往证对每一个 $\eta\neq 0$,容许控制

$$u^*(t) = \mathrm{sgn}(\eta^{\mathrm{T}} \mathrm{e}^{-At} B), \quad t > 0$$

是满足上述要求的. 根据(ii)可知

$$\eta^{\mathrm{T}} \mathrm{e}^{-At} B$$

不恒等于零,于是

$$\begin{aligned} \eta^{\mathrm{T}} y(t, u^*) &= \eta^{\mathrm{T}} \int_0^t \mathrm{e}^{-A\tau} B u^*(\tau) \mathrm{d}\tau \\ &= \int_0^t \eta^{\mathrm{T}} \mathrm{e}^{-A\tau} B \,\mathrm{sgn}(\eta^{\mathrm{T}} \mathrm{e}^{-A\tau} B) \mathrm{d}\tau \\ &= \int_0^t | \eta^{\mathrm{T}} \mathrm{e}^{-A\tau} B |_\sigma \mathrm{d}\tau, \end{aligned}$$

其中,$|\cdot|_\sigma$ 表示所有分量的所有绝对值之和. 如果能证明

$$\int_0^\infty | \eta^{\mathrm{T}} \mathrm{e}^{-A\tau} B |_\sigma \mathrm{d}\tau = +\infty, \tag{5.1.14}$$

则必有 $\eta^{\mathrm{T}} y(t, u^*) \to +\infty (t \to +\infty)$,因为 $\eta^{\mathrm{T}} \mathrm{e}^{-At} B$ 不恒为零,故至少有一个分量不恒为零,不妨设 $\eta^{\mathrm{T}} \mathrm{e}^{-At} b_1 \neq 0$,其中,$b_1$ 为 B 的第一个列向量,并且设

$$v(t) = \int_0^\infty \eta^{\mathrm{T}} \mathrm{e}^{-A\tau} b_1 \mathrm{d}\tau. \tag{5.1.15}$$

设 $\varphi(\lambda)$ 是矩阵 A 的特征多项式,那么 $\varphi(-\lambda)$ 就是 $-A$ 的特征多项式,因此

$$\begin{aligned} \varphi(-\mathrm{D})(\eta^{\mathrm{T}} \mathrm{e}_1^{-At}) &= \eta^{\mathrm{T}} \varphi(-\mathrm{D}) \mathrm{e}^{-At} b_1 \\ &= \eta^{\mathrm{T}} \varphi(A) \mathrm{e}^{-At} b_1 = 0, \end{aligned}$$

所以

$$\varphi(-\mathrm{D}) \mathrm{D} v(t) = 0, \quad 0 < t < \infty. \tag{5.1.16}$$

然而,微分算子 $\mathrm{D}\varphi(-\mathrm{D})$ 的特征多项式为 $\lambda\varphi(-\lambda)$,并且由假设条件(iii)知,它的特征根有非负实部,因而,当 $t \to +\infty$ 时,齐次微分方程(5.1.16)的解 $v(t)$ 不能下降到零. 因此积分(5.1.15)发散,则有

$$\int_0^\infty | \eta^{\mathrm{T}} \mathrm{e}^{-A\tau} b_1 | \mathrm{d}\tau = +\infty,$$

所以式(5.1.14)成立. 定理证毕.

最后给出非自治系统

$$\dot{x} = A(t) + B(t) u \tag{5.1.17}$$

可控的一个简单的充分必要条件.

假设当 $t \geqslant t_0$ 时,矩阵 $A(t)$ 为 $k-2$ 次可微,$B(t)$ 为 $k-1$ 次可微,定义 n 行 m 列矩阵序列 $\{M_j(t)\}$ 为

$$M_0(t) = B(t),$$

$$M_{j+1}(t) = -A(t)M_j(t) + \frac{\mathrm{d}}{\mathrm{d}t}M_j(t), \quad j = 0,1,\cdots,k-2.$$

注意到

$$\begin{aligned} 0 = \frac{\mathrm{d}}{\mathrm{d}t}I &= \frac{\mathrm{d}}{\mathrm{d}t}(XX^{-1}) \\ &= \left(\frac{\mathrm{d}}{\mathrm{d}t}X\right)X^{-1} + X\left(\frac{\mathrm{d}}{\mathrm{d}t}X^{-1}\right) \\ &= A(t)XX^{-1} + X\frac{\mathrm{d}}{\mathrm{d}t}X^{-1}, \end{aligned}$$

得出

$$\frac{\mathrm{d}}{\mathrm{d}t}X^{-1} = -X^{-1}A(t),$$

于是

$$\begin{aligned} \frac{\mathrm{d}}{\mathrm{d}t}[X^{-1}(t)B(t)] &= X^{-1}(t)\left[-A(t)B(t) + \frac{\mathrm{d}}{\mathrm{d}t}B(t)\right] \\ &= X^{-1}(t)M_1(t), \\ \frac{\mathrm{d}^2}{\mathrm{d}t^2}[X^{-1}(t)B(t)] &= \frac{\mathrm{d}}{\mathrm{d}t}[X^{-1}(t)M_1(t)] \\ &= X^{-1}(t)\left[-A(t)M_1(t) + \frac{\mathrm{d}}{\mathrm{d}t}M_1(t)\right] \\ &= X^{-1}(t)M_2(t). \end{aligned}$$

一般地,有

$$\frac{\mathrm{d}^j}{\mathrm{d}t^j}[X^{-1}(t)B(t)] = X^{-1}(t)M_j(t), \quad t \geqslant t_0, j = 0,1,\cdots,k-1. \tag{5.1.18}$$

定理 5.1.4 如果当 $t \geqslant t_0$ 时,$A(t)$ 有 $k-2$ 次导数,$B(t)$ 有 $k-1$ 次导数,并且对某正数 k 及每一个 $t_1 > t_0$,存在一个 $t \in [t_0, t_1]$,使得

$$\text{秩}[M_0(t), M_1(t), \cdots, M_{k-1}(t)] = n,$$

那么系统(5.1.17)在 t_0 处是可控的.

证明 不妨设 $t_0 = 0, t_1 \leqslant 1$. 如果系统(5.1.17)是可控的,那么有

$$\bigcup_{t>0}\left\{X(t)X_0 + \int_0^t X(t)X^{-1}(\tau)B(\tau)u(\tau)\mathrm{d}\tau, u(t)\ \text{为分段连续向量函数}\right\} = \mathbf{R}^n, \tag{5.1.19}$$

其中,$X(t)$ 为系统(5.1.17)的齐次方程组的基本解矩阵,x_0 是系统状态的初始值,$X(0) = I$(单位阵). 若系统(5.1.17)不可控,即式(5.1.19)不成立,则必定有

$$\left\{X(1)+\int_0^1 X(1)X^{-1}(\tau)B(\tau)u(\tau)\mathrm{d}\tau, u(t) \text{ 为分段连续向量函数}\right\} \neq \mathbf{R}^n,$$

于是

$$D=\left\{\int_0^1 X(1)X^{-1}(\tau)B(\tau)u(\tau)\mathrm{d}\tau, u(t) \text{ 为分段连续向量函数}\right\} \neq \mathbf{R}^n.$$

设 D 所包含的向量的线性无关的个数为 r，设为 $x_1,\cdots,x_r$，那么它们的任意线性组合

$$\alpha_1 x_1+\cdots+\alpha_r x_r$$

必然属于 D，这是因为

$$\alpha_1 x_1+\cdots+\alpha_r x_r=\int_0^1 X(1)X^{-1}(\tau)B(\tau)(\alpha_1 u_1+\cdots+\alpha_r u_r)\mathrm{d}\tau,$$

其中，$u_1,\cdots,u_r$ 为 $x_1,\cdots,x_r$ 所对应的控制函数，于是 D 构成了一个 r 维线性空间. 因为 $D\neq\mathbf{R}^n$，故 $r<n$，从而存在非零向量 V 与 $x_1,\cdots,x_r$ 正交，于是

$$V^{\mathrm{T}}\int_0^1 X(1)X^{-1}(\tau)B(\tau)u(\tau)\mathrm{d}\tau=0$$

对任意分段连续向量函数 $u(t)$成立. 由于 $u(t)$任意性，以及 $\eta^{\mathrm{T}}=V^{\mathrm{T}}X(1)\neq 0$ 即得

$$\eta^{\mathrm{T}}X^{-1}(t)B(t)\neq 0,\quad 0\leqslant t\leqslant 1. \tag{5.1.20}$$

对式(5.1.20)作 j 次微商($j=0,1,\cdots,k-1$)，由式(5.1.18)得

$$\begin{aligned}0&\equiv\eta^{\mathrm{T}}X^{-1}(t)M_0(t)=\eta^{\mathrm{T}}X^{-1}(t)M_1(t)=\cdots\\&=\eta^{\mathrm{T}}X^{-1}(t)M_{k-1}(t),\quad 0\leqslant t\leqslant 1.\end{aligned} \tag{5.1.21}$$

但根据定理的条件，存在某个固定的 $t\in[0,1]$使

$$\text{秩}\quad [M_0(t),M_1(t),\cdots,M_{k-1}(t)]=n.$$

因为向量 $\eta^{\mathrm{T}}X^{-1}(t)\neq 0$，由(5.1.21)可见与所设矛盾.

例 5.1.4　证明系统

$$\dot{x}=\begin{pmatrix}t^2&0&0\\0&t^3&0\\0&0&t^4\end{pmatrix}x+\begin{pmatrix}t\\t^2\\t^3\end{pmatrix}u$$

在 $t_0=0$ 是可控的.

证明　由递推公式

$$M_0(t)=B(t),$$

$$M_{j+1}(t)=-A(t)M_j(t)+\frac{\mathrm{d}}{\mathrm{d}t}M_j(t),$$

$$M_0(t)=(t,t^2,t^3)^{\mathrm{T}},$$

$$M_1(t)=-A(t)B(t)+\frac{\mathrm{d}}{\mathrm{d}t}B(t)$$

$$=-\begin{pmatrix} t^2 & 0 & 0 \\ 0 & t^3 & 0 \\ 0 & 0 & t^4 \end{pmatrix}\begin{pmatrix} t \\ t^2 \\ t^3 \end{pmatrix}+\begin{pmatrix} 1 \\ 2t \\ 3t^2 \end{pmatrix}=\begin{pmatrix} 1-t^3 \\ 2t-t^5 \\ 3t^2-t^7 \end{pmatrix},$$

$$M_2(t)=-A(t)M_1(t)+\frac{\mathrm{d}}{\mathrm{d}t}M_1(t)$$

$$=-\begin{pmatrix} t^2 & 0 & 0 \\ 0 & t^3 & 0 \\ 0 & 0 & t^4 \end{pmatrix}\begin{pmatrix} 1-t^3 \\ 2t-t^5 \\ 3t-t^7 \end{pmatrix}+\frac{\mathrm{d}}{\mathrm{d}t}\begin{pmatrix} 1-t^2 \\ 2t-t^5 \\ 3t-t^7 \end{pmatrix}=\begin{pmatrix} t^5-4t^2 \\ 2-7t^4+t^8 \\ 6t-10t^6+t^{11} \end{pmatrix},$$

$$M_0(0)=(0,0,0)^{\mathrm{T}},$$

$$M_1(0)=(1,0,0)^{\mathrm{T}},$$

$$M_2(0)=(0,2,0)^{\mathrm{T}},$$

$$M_3(0)=-A(0)M_2(0)+M_2(0)=(0,0,6)^{\mathrm{T}},$$

$$\text{秩}\begin{pmatrix} 0 & 1 & 0 & 0 \\ 0 & 0 & 2 & 0 \\ 0 & 0 & 0 & 6 \end{pmatrix}=3.$$

这就证明了该系统在 $t_0=0$ 处是可控的.

5.2 可观测性

控制系统的可控性是系统中控制变量支配系统状态的能力,控制系统的可观测性是系统输出反映系统状态的能力. 在控制问题中,作为被控制的系统状态向量,往往不能被直接观察和测量,它和我们能够观察和测量的某个向量函数具有线性关系. 由线性常微分方程理论可知,如果描述控制系统状态变化的线性微分方程已经给定,那么系统的状态就由系统初始状态所唯一确定,因此为了确定系统的状态,只需确定系统的初始状态. 基于这个原理,把由系统的观测值能够唯一确定系统初始状态的系统称为是可观测的,即有如下的定义.

定义 5.2.1 设控制系统的状态方程和输出方程分别为

$$\dot{x}=Ax+Bu, \tag{5.2.1}$$

$$y(t)=Cx, \tag{5.2.2}$$

其中,$x(t)$是 n 维向量,$u(t)$是 m 维向量,$y(t)$是 r 维向量,A 是 n^2 矩阵,B 是 $n\times m$ 矩阵,C 是 $r\times n$ 矩阵. 如果对于任意的控制向量 $u(t)$,都存在一个有限时间区间 $[t_0,t_1]$上的观测 $y(t)$,使得系统状态变量的初始值 $x(t_0)$由这个观测 $y(t)$唯一确定,就称系统(5.2.1)和(5.2.2)是可观测的.

下面给出判断系统(5.2.1)和(5.2.2)是可观测的充分必要条件,即

定理 5.2.1　系统(5.2.1)和(5.2.2)是可观测的充分必要条件是

$$\text{秩}(C^{\mathrm{T}}, A^{\mathrm{T}}C^{\mathrm{T}}, \cdots, (A^{\mathrm{T}})^{n-1}C^{\mathrm{T}}) = n. \tag{5.2.3}$$

证明　控制系统(5.2.1)满足初值

$$x(t_0) = x_0$$

的解为

$$x(t) = \mathrm{e}^{A(t-t_0)}x_0 + \mathrm{e}^{At}\int_{t_0}^{t}\mathrm{e}^{-A\tau}Bu(\tau)\mathrm{d}\tau, \tag{5.2.4}$$

于是

$$y(t) = Cx(t) = C(\mathrm{e}^{A(t-t_0)}x_0 + \mathrm{e}^{At}\int_{t_0}^{t}\mathrm{e}^{-A\tau}Bu(\tau)\mathrm{d}\tau). \tag{5.2.5}$$

先证明充分性,用反证法.假若(5.2.3)成立,系统(5.2.1)和(5.2.2)是不可观测的,即 $y(t)$不能唯一确定系统状态变量的初始值 $x(t_0)$,则至少存在两个初始值 $\overline{x}_0$ 和 $\overline{\overline{x}}_0$ 都使式(5.2.5)成立,即有

$$y(t) = C(\mathrm{e}^{A(t-t_0)}\overline{x}_0 + \mathrm{e}^{At}\int_{t_0}^{t}\mathrm{e}^{-A\tau}Bu(\tau)\mathrm{d}\tau),$$

$$y(t) = C(\mathrm{e}^{A(t-t_0)}\overline{\overline{x}}_0 + \mathrm{e}^{At}\int_{t_0}^{t}\mathrm{e}^{-A\tau}Bu(\tau)\mathrm{d}\tau),$$

将上面两式相减,并令 $\hat{x}_0 = \overline{x}_0 - \overline{\overline{x}}_0$,则有

$$C\mathrm{e}^{A(t-t_0)}\hat{x}_0 = 0. \tag{5.2.6}$$

特别地,当 $t = t_0$ 时,有

$$C\hat{x}_0 = 0,$$

将式(5.2.6)对 t 求导 $k(k=1,2,\cdots,n-1)$次后,再令 $t=t_0$,可得

$$C\hat{x}_0 = CA\hat{x}_0 = CA^2\hat{x}_0 = \cdots = CA^{n-1}\hat{x}_0 = 0,$$

即有

$$\hat{x}_0^{\mathrm{T}}C^{\mathrm{T}} = \hat{x}_0^{\mathrm{T}}A^{\mathrm{T}}C^{\mathrm{T}} = \hat{x}_0^{\mathrm{T}}(A^{\mathrm{T}})^2C^{\mathrm{T}} = \cdots = \hat{x}_0^{\mathrm{T}}(A^{\mathrm{T}})^{n-1}C^{\mathrm{T}} = 0, \tag{5.2.7}$$

这与(5.2.3)矛盾.因此系统(5.2.1)和(5.2.2)是可观测的.

下面证明必要性,用反证法.假若系统(5.2.1)和(5.2.2)是可观测的,(5.2.3)不成立,即

$$\text{秩}(C^{\mathrm{T}}, A^{\mathrm{T}}C^{\mathrm{T}}, \cdots, (A^{\mathrm{T}})^{n-1}C^{\mathrm{T}}) < n,$$

则存在非零向量 $\hat{x}_0$,使得式(5.2.7)成立.由凯莱-哈密顿定理,有

$$A^n = \alpha_1 A^{n-1} + \alpha_2 A^{n-2} + \cdots + \alpha_n I,$$

其中，$\alpha_1,\cdots,\alpha_n$ 为矩阵 A 的特征多项式的系数，I 是单位矩阵，将上式转置可得

$$(A^{\mathrm{T}})^n = \alpha_1 (A^{\mathrm{T}})^{n-1} + \alpha_2 (A^{\mathrm{T}})^{n-2} + \cdots + \alpha_n I, \tag{5.2.8}$$

由(5.2.7)和(5.2.8)可得

$$CA^k \hat{x}_0 = 0, \quad k = 0,1,2,3,\cdots,$$

于是

$$C\mathrm{e}^{A(t-t_0)} \hat{x}_0 = 0,$$

这表明系统(5.2.1)和(5.2.2)是不可观测的，与假设矛盾.

例 5.2.1 考察系统

$$\begin{cases} \dot{x} = \begin{pmatrix} 2 & 0 \\ 0 & 1 \end{pmatrix} x + \begin{pmatrix} 1 \\ 1 \end{pmatrix} u, \\ y = (2,3)x \end{cases}$$

和系统

$$\begin{cases} \dot{x} = \begin{pmatrix} 2 & 0 \\ 0 & 1 \end{pmatrix} x + \begin{pmatrix} 1 \\ 1 \end{pmatrix} u, \\ y = (2,0)x \end{cases}$$

的可观测性.

解 对于第一个系统，

$$A = \begin{pmatrix} 2 & 0 \\ 0 & 1 \end{pmatrix}, \quad B = \begin{pmatrix} 1 \\ 1 \end{pmatrix}, \quad C = (2,3),$$

$$C^{\mathrm{T}} = \begin{pmatrix} 2 \\ 3 \end{pmatrix}, \quad A^{\mathrm{T}}C^{\mathrm{T}} = \begin{pmatrix} 2 & 0 \\ 0 & 1 \end{pmatrix}\begin{pmatrix} 2 \\ 3 \end{pmatrix} = \begin{pmatrix} 4 \\ 3 \end{pmatrix},$$

$$秩(C^{\mathrm{T}}, A^{\mathrm{T}}C^{\mathrm{T}}) = 秩\begin{pmatrix} 2 & 4 \\ 3 & 3 \end{pmatrix} = 2.$$

对于第二个系统，

$$A = \begin{pmatrix} 2 & 0 \\ 0 & 1 \end{pmatrix}, \quad B = \begin{pmatrix} 1 \\ 1 \end{pmatrix}, \quad C = (2,0),$$

$$C^{\mathrm{T}} = \begin{pmatrix} 2 \\ 0 \end{pmatrix}, \quad A^{\mathrm{T}}C^{\mathrm{T}} = \begin{pmatrix} 2 & 0 \\ 0 & 1 \end{pmatrix}\begin{pmatrix} 2 \\ 0 \end{pmatrix} = \begin{pmatrix} 4 \\ 0 \end{pmatrix},$$

$$秩(C^{\mathrm{T}}, A^{\mathrm{T}}C^{\mathrm{T}}) = 秩\begin{pmatrix} 2 & 4 \\ 0 & 0 \end{pmatrix} = 1.$$

根据定理 5.2.1，第一个系统是可观测的，第二个系统是不可观测的.

不是满秩的,所以该系统是不可控的.

第二个系统中的矩阵

$$(b,Ab)=\begin{pmatrix}1 & 5\\ 1 & 2\end{pmatrix}$$

是满秩的,所以该系统是可控的.

例 5.3.2　考察系统

$$x(k+1)=\begin{pmatrix}0 & 1 & 0 & 0\\ 0 & 0 & -1 & 0\\ 0 & 0 & 0 & 1\\ 0 & 0 & 2 & 0\end{pmatrix}x(k)+\begin{pmatrix}0\\ 1\\ 0\\ -1\end{pmatrix}u(k)$$

的可控性.

解　显然矩阵

$$A=\begin{pmatrix}0 & 1 & 0 & 0\\ 0 & 0 & -1 & 0\\ 0 & 0 & 0 & 1\\ 0 & 0 & 2 & 0\end{pmatrix}$$

的第一列元素全为零,它是奇异矩阵,这时应用定理 5.3.2,计算

$$(b,Ab,A^2b,A^3b)=\begin{pmatrix}0 & 1 & 0 & 1\\ 1 & 0 & 1 & 0\\ 0 & -1 & 0 & -2\\ -1 & 0 & -2 & 0\end{pmatrix},$$

它的行列式

$$\begin{vmatrix}0 & 1 & 0 & 1\\ 1 & 0 & 1 & 0\\ 0 & -1 & 0 & -2\\ -1 & 0 & -2 & 0\end{vmatrix}=\begin{vmatrix}0 & 1 & 0 & 1\\ 1 & 0 & 1 & 0\\ 0 & 0 & 0 & -1\\ 0 & 0 & -1 & 0\end{vmatrix}=1,$$

根据定理 5.3.2,可知系统是可控的.

例 5.3.3　考察系统

$$x(k+1)=\begin{pmatrix}0 & 1 & 0 & 0\\ 0 & 0 & -1 & 0\\ 0 & 0 & 0 & 1\\ 0 & 0 & 1 & 0\end{pmatrix}x(k)+\begin{pmatrix}0\\ 1\\ 0\\ -1\end{pmatrix}u(k)$$

的可控性.

解 计算 b,Ab 和 A^2 就会发现 $k=2$ 时符合定理 5.3.2 的要求.

事实上,从

$$(b,Ab)=\begin{pmatrix}0 & 1\\ 1 & 0\\ 0 & -1\\ -1 & 0\end{pmatrix},$$

$$A^2=\begin{pmatrix}0 & 0 & 0 & -1\\ 0 & 0 & -1 & 0\\ 0 & 0 & 0 & 1\\ 0 & 0 & 1 & 0\end{pmatrix},$$

$\mathrm{span}[b,Ab]\supseteq\mathrm{span}[A^2]$,所以系统是可控的.

5.3.2 可观测性

考虑线性自治系统

$$\begin{cases}x(k+1)=Ax(k)+Bu(k),\\ y(k)=Cx(k).\end{cases}\tag{5.3.7}$$

可观性的定义如下.

定义 5.3.2 对于系统(5.3.7),如果存在正整数 N,使得由 $u(0),u(1),\cdots,u(N-1)$和 $y(0),y(1),\cdots,y(N-1)$可唯一确定它的初始状态 $x(0)$,那么称该系统是完全可观测的,简称可观测.

由类似(5.3.3)的求解公式,可得

$$y(k)=Cx(k)=C\Big(A^kx(0)+\sum_{j=0}^{k-1}A^{k-1-j}Bu(j)\Big).$$

当 $k=0,1,\cdots,N-1$ 时,则有

$$\begin{cases}y(0)=Cx(0),\\ y(1)=CAx(0)+CBu(0),\\ y(2)=CA^2x(0)+C\sum\limits_{j=0}^{1}A^{1-j}Bu(j),\\ \qquad\cdots\cdots\\ y(N-1)=CA^{N-1}x(0)+C\sum\limits_{j=0}^{N-2}A^{N-2-j}Bu(j),\end{cases}\tag{5.3.8}$$

其中,向量 $x(0)=(x_1(0),\cdots,x_n(0))^{\mathrm{T}}$ 是待定的.

定理 5.3.3 系统(5.3.7)完全可观测的充分必要条件是矩阵

$$M = \begin{pmatrix} C \\ CA \\ \vdots \\ CA^{n-1} \end{pmatrix}$$

的秩等于 n.

证明　充分性. 如果矩阵 M 的秩等于 n，令(5.3.8)中的 $N=n$，可以把(5.3.8)看做是以 $x(0)$ 的各分量为未知参数的线性代数方程组，因此由方程组(5.3.8)可唯一的确定 $x(0)$.

往证必要性. 设系统(5.3.7)是完全可观测的，根据可观测的定义，存在正整数 N，由(5.3.8)可唯一的确定初始状态 $x(0)$，如果方程组(5.3.8)的系数矩阵

$$\begin{pmatrix} C \\ CA \\ \vdots \\ CA^{n-1} \end{pmatrix}$$

的秩 r 小于 n 时，从线性代数理论可知它有无穷多组解，不可能唯一的确定 $x(0)$，所以 $r \geqslant n$. 再由凯莱-哈密顿定理不难得出，对任何自然数 k

$$A^k = a_{0k}I + a_{1k}A + \cdots + a_{(n-1)k}A^{n-1}.$$

由此可见，矩阵 M 的秩必等于 n. 定理证毕.

由上面的定理 5.3.3 可见，系统(5.3.7)中，控制 $u(k)$ 的有无并不影响可观测性的结果. 因此，不失一般性，可令 $u(k)=0$，或者在研究可观测性时，只考虑 $x(k+1)=Ax(k)$ 就可以了.

例 5.3.4　考察系统

$$\begin{cases} x(k+1) = \begin{pmatrix} 2 & 0 & -1 \\ 1 & 2 & -1 \\ -1 & 0 & 1 \end{pmatrix} x(k), \\ y(k) = (0,1,0)x(k) \end{cases}$$

和

$$\begin{cases} x(k+1) = \begin{pmatrix} 2 & 0 & -1 \\ 1 & 2 & -1 \\ -1 & 0 & 1 \end{pmatrix} x(k), \\ y(k) = \begin{pmatrix} 0 & 0 & 1 \\ 1 & 0 & 0 \end{pmatrix} x(k) \end{cases}$$

的可观测性.

解　求出第一个系统的矩阵

$$M=\begin{pmatrix} C \\ CA \\ CA^2 \end{pmatrix}=\begin{pmatrix} 0 & 1 & 0 \\ 1 & 2 & -1 \\ 5 & 4 & -4 \end{pmatrix}$$

和第二个系统的矩阵

$$M=\begin{pmatrix} C \\ CA \\ CA^2 \end{pmatrix}=\begin{pmatrix} 0 & 0 & 1 \\ 1 & 0 & 0 \\ -1 & 0 & 1 \\ 2 & 0 & -1 \\ -3 & 0 & 2 \\ 5 & 0 & 4 \end{pmatrix},$$

于是第一个系统是可观测性的,第二个系统是不可观测的.

习　题　5

1. 检查下面系统得可控性和可观测性:

(1) $\dot{x}=\begin{pmatrix} 0 & 1 \\ 0 & 0 \end{pmatrix}x+\begin{pmatrix} 0 \\ 1 \end{pmatrix}u.$

(2) $\begin{cases} \dot{x}=\begin{pmatrix} 0 & 1 & 0 \\ 0 & 0 & 1 \\ -2 & -4 & -3 \end{pmatrix}x+\begin{pmatrix} 1 & 0 \\ 0 & 1 \\ -1 & 1 \end{pmatrix}\begin{pmatrix} u_1 \\ u_2 \end{pmatrix}, \\ y=\begin{pmatrix} 0 & 1 & -1 \\ 1 & 2 & 1 \end{pmatrix}x. \end{cases}$

(3) $\begin{cases} \dot{x}=\begin{pmatrix} -2 & 1 & 0 & 0 \\ 0 & -2 & 0 & 0 \\ 0 & 0 & -3 & 1 \\ 0 & 0 & 0 & -3 \end{pmatrix}x, \\ y=(1,2,0,0)x. \end{cases}$

2. 证明线性自治系统

$$\dot{y}=\begin{pmatrix} 0 & 1 & 0 & \cdots & 0 \\ 0 & 0 & 1 & \cdots & 0 \\ \vdots & \vdots & \vdots & & \vdots \\ 0 & 0 & 0 & \cdots & 1 \\ -a_n & -a_{n-1} & -a_{n-2} & \cdots & -a_1 \end{pmatrix}y+\begin{pmatrix} 0 \\ 0 \\ \vdots \\ 0 \\ 1 \end{pmatrix}u$$

是可控的.

3. 证明 n 阶线性系统

$$y^{(n)}+a_{n-1}y^{(n-1)}+\cdots+a_0(t)y=u(t)$$

在任何时刻 $t_0\geqslant 0$ 都是可控的.

提示:将它化成等价的一阶向量控制系统

$$\dot{x}(t)=A(t)x+bu(t),$$

其中,

$$A(t)=\begin{pmatrix}0 & 1 & \cdots & 0\\ \vdots & \vdots & & \vdots\\ 0 & 0 & \cdots & 1\\ -a_0(t) & -a_1(t) & \cdots & -a_{n-1}(t)\end{pmatrix},$$

$$b=(0,\cdots,0,1)^{\mathrm{T}}.$$

4. 设

$$A=\begin{pmatrix}0 & -1\\ 1 & 0\end{pmatrix},\quad b(t)=\begin{pmatrix}\cos t\\ \sin t\end{pmatrix}.$$

证明控制系统

$$\dot{x}=Ax+b(t)u,\quad x(0)=0$$

的所有解都落在 $x_1\sin t-x_2\cos t=0$ 的曲线上,因而在 $t_0=0$ 时是不可控的.

5. 证明:如果矩阵 A 具有两个(或两个以上)对应于一特征值的线性无关的特征向量,那么线性控制系统

$$\dot{x}=Ax+bu$$

是不可控的.

6. 对于系统

$$\begin{cases}\dot{x}=\begin{pmatrix}-1 & 1 & 0\\ 0 & -1 & 0\\ 0 & 0 & -2\end{pmatrix}x+\begin{pmatrix}0\\ 1\\ 1\end{pmatrix}u,\\ y=(1,1,1)x.\end{cases}$$

能否选择其初始状态 $x(0)$,使得当 $t>0$ 时所观测到的输出是 $y(t)=te^{-t}$?

7. 证明对于一个自治线性系统

$$\dot{x}=Ax+Bu,$$

若存在一个非零的 m 维向量 W,使得

$$BW,\quad ABW,\quad A^{n-1}BW$$

是线性无关的,则系统是可控的.

8. 考察系统

$$x(k+1)=\begin{pmatrix}0 & 1 & -1\\ 0 & 0 & 1\\ 0 & 0 & 2\end{pmatrix}x(k)+\begin{pmatrix}1\\ 0\\ 0\end{pmatrix}u(k)$$

和

$$x(k+1)=\begin{pmatrix}0 & 1 & 2\\ 0 & 0 & 1\\ 0 & 0 & 0\end{pmatrix}x(k)+\begin{pmatrix}1\\ 0\\ 0\end{pmatrix}u(k)$$

的可控性.

9. 讨论系统

$$\begin{cases}x(k+1)=\begin{pmatrix}a & 1 & 1\\ 0 & b & 1\\ 0 & 0 & c\end{pmatrix}x(k),\\ y(k)=(1,0,0)x(k)\end{cases}$$

的可观测性.

第6章　离散控制系统的变分法和最大值原理

在工程、生物和经济等领域的控制问题中有许多数学模型是离散的.用计算机求解连续控制问题也需要将问题离散化.因此,离散控制问题成为人们要研究和解决的重要课题.本章介绍求解离散控制系统的变分法和最大值原理.

6.1　离散泛函的极值及其变分法

6.1.1　两端固定的泛函极值问题

考虑离散泛函

$$\begin{cases} J[x] = \sum_{k=k_0}^{k_1-1} F(x(k), x(k+1), k), \\ x(k_0) = x_0, \quad x(k_1) = x_1. \end{cases} \tag{6.1.1}$$

问题是求序列 $x(k_0), x(k_0+1), \cdots, x(k_1)$,使(6.1.1)达到极值.与连续情形相类似,有如下的欧拉公式.

定理 6.1.1　设 $F(x,y,t)$,$\frac{\partial F(x,y,t)}{\partial x}$,$\frac{\partial F(x,y,t)}{\partial y}$在其定义域上连续.如果 $x(k_0+1), \cdots, x(k_1-1)$使得泛函(6.1.1)达到极值,则

$$\frac{\partial F(x(k), x(k+1), k)}{\partial x(k)} + \frac{\partial F(x(k-1), x(k), k-1)}{\partial x(k)} = 0,$$
$$k = k_0+1, \cdots, k_1-1. \tag{6.1.2}$$

证明　设 $\delta x(k)$是 $x(k)$的任一变分,在(6.1.1)中用 $x(k)+\delta x(k)$代替 $x(k)$,得

$$J[x+\alpha\delta x] = \sum_{k=k_0}^{k_1-1} F(x(k)+\alpha\delta x(k), x(k+1)+\alpha\delta x(k+1), k), \tag{6.1.3}$$

由于 $x(k)$使 $J[x(k)]$达到极值,故 $J[x(k)+\alpha\delta x(k)]$在 $\alpha=0$ 处达到极值,于是

$$\left.\frac{\partial J[x(k)+\alpha\delta x(k)]}{\partial \alpha}\right|_{\alpha=0} = 0,$$

即

$$\sum_{k=k_0}^{k_1-1}\left[\frac{\partial F}{\partial x(k)}\delta x(k)+\frac{\partial F}{\partial x(k+1)}\delta x(k+1)\right]=0. \tag{6.1.4}$$

(6.1.4)中的第二项可写成

$$\begin{aligned}&\sum_{k=k_0}^{k_1-1}\left[\frac{\partial F}{\partial x(k+1)}\delta x(k+1)\right]\\&=\sum_{k=k_0+1}^{k_1-1}\frac{\partial F(x(k-1),x(k),k-1)}{\partial x(k)}\delta x(k)\\&\quad+\frac{\partial F(x(k_1-1),x(k_1),k_1-1)}{\partial x(k_1)}\delta x(k_1),\end{aligned}$$

代入(6.1.4),得

$$\begin{aligned}&\frac{\partial F(x(k_0),x(k_0+1),k_0)}{\partial x(k_0)}\delta x(k_0)\\&+\sum_{k=k_0+1}^{k_1-1}\left[\frac{\partial F(x(k),x(k+1),k)}{\partial x(k)}+\frac{\partial F(x(k-1),x(k),k-1)}{\partial x(k)}\right]\delta x(k)\\&+\frac{\partial F(x(k_1-1),x(k_1),k_1-1)}{\partial x(k_1)}\delta x(k_1)=0.\end{aligned} \tag{6.1.5}$$

由于 $x(k_0)=x_0, x(k_1)=x_1$ 是固定的,故

$$\delta x(k_0)=0,\quad \delta x(k_1)=0,$$

于是(6.1.5)成为

$$\sum_{k=k_0+1}^{k_1-1}\left[\frac{\partial F(x(k),x(k+1),k)}{\partial x(k)}+\frac{\partial F(x(k-1),x(k),k-1)}{\partial x(k)}\right]\delta x(k)=0.$$

由变分的任意性,可得

$$\frac{\partial F(x(k),x(k+1),k)}{\partial x(k)}+\frac{\partial F(x(k-1),x(k),k-1)}{\partial x(k)}=0,$$

$$k=k_0+1,\cdots,k_1-1.$$

(6.1.2)称为离散的欧拉方程,它是(6.1.1)取极值的必要条件.

6.1.2 含有多个宗量的离散泛函极值问题

考虑含有多个宗量的离散泛函

$$J[x]=\sum_{k=k_0}^{k_1-1}F(x(k),x(k+1),k), \tag{6.1.6}$$

其中,$x(k)=(x_1(k),\cdots,x_n(k))^{\mathrm{T}}$.

定理 6.1.2　设 $2n+1$ 元函数

$$F(x(k),x(k+1),k)=F(x_1(k),\cdots,x_n(k),x_1(k+1),\cdots,x_n(k+1),k)$$

连续,关于前 $2n$ 个变量的偏导数也连续. 如果 $x(k_0+1),\cdots,x(k_1-1)$使得泛函(6.1.6)达到极值,则

$$\frac{\partial F(x(k),x(k+1),k)}{\partial x_i(k)}+\frac{\partial F(x(k-1),x(k),k-1)}{\partial x_i(k)}=0,$$
$$k=k_0+1,\cdots,k_1-1,\quad i=1,2,\cdots,n. \tag{6.1.7}$$

证明　设 $\delta x_i(k)$是 $x_i(k)$的任一变分,在(6.1.6)中用 $x_i(k)+\delta x_i(k)$代替 $x_i(k)$,其他分量不变,利用证明定理 6.1.1 的方法,可得(6.1.7).

6.1.3　终端自由的离散泛函极值问题

考虑 k_0,k_1给定,初端 $x(k_0)=0$ 固定,终端自由情形下,离散泛函

$$J[x]=\sum_{k=k_0}^{k_1-1}F(x(k),x(k+1),k) \tag{6.1.8}$$

的极值问题.

定理 6.1.3　设 $F(x,y,t),\dfrac{\partial F(x,y,t)}{\partial x},\dfrac{\partial F(x,y,t)}{\partial y}$在其定义域上连续. 如果 $x(k_0+1),\cdots,x(k_1-1),x(k_1)$使得泛函(6.1.8)达到极值,则

$$\frac{\partial F(x(k),x(k+1),k)}{\partial x(k)}+\frac{\partial F(x(k-1),x(k),k-1)}{\partial x(k)}=0,$$
$$k=k_0+1,\cdots,k_1-1, \tag{6.1.9}$$

$$\left.\frac{\partial F(x(k-1),x(k),k-1)}{\partial x(k)}\right|_{k=k_1}=0. \tag{6.1.10}$$

证明　显然,在终端固定在 $x(k_1)$的情形下,(6.1.8)也在 $x(k_0+1),\cdots,x(k_1-1)$取极值,因此,(6.1.9)成立. 由式(6.1.5),有

$$\frac{\partial F(x(k_1-1),x(k_1),k_1-1)}{\partial x(k_1)}\delta x(k_1)=0.$$

由变分 $\delta x(k_1)$的任意性,(6.1.10)成立.

6.1.4　带有终端性能指标的离散泛函极值

考虑 k_0,k_1给定,初端 $x(k_0)=0$ 固定,终端自由情形下,带有终端性能指标的离散泛函

$$J[x]=\Phi(x(k_1))+\sum_{k=k_0}^{k_1-1}F(x(k),x(k+1),k) \tag{6.1.11}$$

的极值问题.

定理 6.1.4 设 $F(x,y,t)$，$\dfrac{\partial F(x,y,t)}{\partial x}$，$\dfrac{\partial F(x,y,t)}{\partial y}$和$\dfrac{\partial \Phi(x)}{\partial x}$在其定义域上连续. 如果 $x(k_0+1),\cdots,x(k_1-1),x(k_1)$使得泛函(6.1.11)达到极值，则

$$\frac{\partial F(x(k),x(k+1),k)}{\partial x(k)}+\frac{\partial F(x(k-1),x(k),k-1)}{\partial x(k)}=0,$$

$$k=k_0+1,\cdots,k_1-1. \tag{6.1.12}$$

$$\left.\frac{\partial F(x(k-1),x(k),k-1)}{\partial x(k)}\right|_{k=k_1}=-\frac{\partial \Phi(x(k_1))}{\partial x(k_1)}. \tag{6.1.13}$$

证明 设 $\delta x(k)$是 $x(k)$的任一变分，在(6.1.11)中用 $x(k)+\delta x(k)$代替 $x(k)$，得

$$J[x+\alpha\delta x]=\Phi(x(k_1)+\alpha\delta x(k_1))$$
$$+\sum_{k=k_0}^{k_1-1}F(x(k)+\alpha\delta x(k),x(k+1)+\alpha\delta x(k+1),k),$$

由于 $x(k)$使 $J[x(k)]$达到极值，故 $J[x(k)+\alpha\delta x(k)]$在 $\alpha=0$ 处达到极值，于是

$$\left.\frac{\partial J[x(k)+\alpha\delta x(k)]}{\partial \alpha}\right|_{\alpha=0}=0,$$

即

$$\frac{\partial \Phi(x(k_1))}{\partial x(k_1)}\delta x(k_1)+\sum_{k=k_0}^{k_1-1}\left[\frac{\partial F}{\partial x(k)}\delta x(k)+\frac{\partial F}{\partial x(k+1)}\delta x(k+1)\right]=0. \tag{6.1.14}$$

(6.1.14)中的第二项可写成

$$\sum_{k=k_0}^{k_1-1}\left[\frac{\partial F}{\partial x(k+1)}\delta x(k+1)\right]$$
$$=\sum_{k=k_0+1}^{k_1-1}\frac{\partial F(x(k-1),x(k),k-1)}{\partial x(k)}\delta x(k)+\frac{\partial F(x(k_1-1),x(k_1),k_1-1)}{\partial x(k_1)}\delta x(k_1),$$

代入(6.1.14)，得

$$\frac{\partial \Phi(x(k_1))}{\partial x(k_1)}\delta x(k_1)+\frac{\partial F(x(k_0),x(k_0+1),k_0)}{\partial x(k_0)}\delta x(k_0)$$
$$+\sum_{k=k_0+1}^{k_1-1}\left[\frac{\partial F(x(k),x(k+1),k)}{\partial x(k)}+\frac{\partial F(x(k-1),x(k),k-1)}{\partial x(k)}\right]\delta x(k)$$
$$+\frac{\partial F(x(k_1-1),x(k_1),k_1-1)}{\partial x(k_1)}\delta x(k_1)=0. \tag{6.1.15}$$

由于 $x(k_0)=x_0$ 是固定的，故 $\delta x(k_0)=0$，因此，由(6.1.15)和变分的任意性，知(6.1.12)和(6.1.13)成立.

例 6.1.1　求使泛函

$$J=\frac{1}{2}x^2(5)+\sum_{k=0}^{4}[x^2(k)+x(k)x(k+1)]$$

取最小值的状态序列 $x(k)$，$k=1,\cdots,5$. 其中，初态 $x(0)=1$，终端状态自由.

解　根据定理 6.1.3，欧拉方程为

$$2x(k)+x(k+1)+x(k-1)=0,\quad k=1,\cdots,4,\tag{6.1.16}$$

终端条件为

$$x(4)=-x(5).\tag{6.1.17}$$

将初值 $x(0)=1$ 代入(6.1.16)，有

$$x(1)=-\frac{1}{2}[1+x(2)].$$

将上式代入(6.1.16)，整理得

$$x(2)=\frac{1}{3}[1-2x(3)].$$

将上式代入(6.1.16)，整理得

$$x(3)=-\frac{1}{4}[1+3x(4)].$$

将上式代入(6.1.16)，整理得

$$x(4)=\frac{1}{5}[1-4x(5)].\tag{6.1.18}$$

求解方程组(6.1.17)和(6.1.18)，得

$$x(5)=-1,\quad x(4)=1.$$

于是，逐次求得

$$x(3)=-1,\quad x(2)=1,\quad x(1)=-1.$$

6.2　离散控制系统的变分方法

设离散控制系统的状态方程为

$$x(k+1)=f(x(k),u(k),k),\quad k=k_0,k_0+1,\cdots,k_1-1.\tag{6.2.1}$$

初始状态 $x(k_0)=x_0$，终端状态 $x(k_1)$ 自由，控制序列 $u(k)(k=k_0,\cdots,k_1-1)$ 不受限制，性能指标为含有终端性能指标的泛函

$$J[u]=\Phi(x(k_1))+\sum_{k=k_0}^{k_1-1}f_0(x(k),u(k),k),\tag{6.2.2}$$

其中,$x(k)$为 n 维列向量,$u(k)$为 m 维列向量.最优控制问题是求满足状态方程和初始条件的控制序列 $u(k)(k=k_0,\cdots,k_1-1)$使性能指标达到最小.

与连续情形一样,引入 n 维 Lagrange 乘子向量

$$\lambda(k+1),\quad k=k_0,\cdots,k_1-1.$$

考虑一个新泛函

$$\begin{aligned}\bar{J}[u]=&\ \Phi(x(k_1))\\&+\sum_{k=k_0}^{k_1-1}f_0(x(k),u(k),k)+\lambda^{\mathrm{T}}(k+1)[f(x(k),u(k),k)-x(k+1)],\end{aligned}\tag{6.2.3}$$

在无状态约束下极值问题.令

$$\bar{H}_k=f_0(x(k),u(k),k)+\lambda^{\mathrm{T}}(k+1)[f(x(k),u(k),k)-x(k+1)].$$

应用离散的欧拉方程,不难得到使(6.2.3)达到极值的序列 $u(k)(k=k_0,\cdots,k_1-1)$所满足的必要条件是

$$\begin{cases}\dfrac{\partial\bar{H}_k}{\partial x(k)}+\dfrac{\partial\bar{H}_{k-1}}{\partial x(k)}=0,\quad k=k_0+1,\cdots,k_1-1,\\[2mm]\dfrac{\partial\bar{H}_k}{\partial\lambda(k)}+\dfrac{\partial\bar{H}_{k-1}}{\partial\lambda(k)}=0,\quad k=k_0+1,\cdots,k_1-1,\\[2mm]\dfrac{\partial\bar{H}_k}{\partial u(k)}+\dfrac{\partial\bar{H}_{k-1}}{\partial u(k)}=0,\quad k=k_0+1,\cdots,k_1-1,\\[2mm]\left.\dfrac{\partial\bar{H}_{k-1}}{\partial x(k)}\right|_{k=k_1}=-\dfrac{\partial\Phi(x(k_1))}{\partial x(k_1)},\\[2mm]x(k_0)=x_0,\end{cases}\tag{6.2.4}$$

即有

$$\begin{cases}x(k+1)=f(x(k),u(k),k),\quad k=k_0,\cdots,k_1-1,\\[2mm]\lambda(k)=\dfrac{\partial\bar{H}_k}{\partial x(k)},\quad k=k_0+1,\cdots,k_1-1,\\[2mm]\dfrac{\partial\bar{H}_k}{\partial u(k)}=0,\quad k=k_0+1,\cdots,k_1-1,\\[2mm]\lambda(k_1)=\dfrac{\partial\Phi(x(k_1))}{\partial x(k_1)},\\[2mm]x(k_0)=x_0.\end{cases}\tag{6.2.5}$$

定义哈密顿函数 $H(x(k),\lambda(k+1),u(k),k)$为

$$\begin{aligned}H_k=&\ H(x(k),\lambda(k+1),u(k),k)\\=&\ f_0(x(k),u(k),k)+\lambda^{\mathrm{T}}(k+1)f(x(k),u(k),k).\end{aligned}\tag{6.2.6}$$

上述结果可表述为

定理 6.2.1　设函数 $f_0(x_1,\cdots,x_n,u_1,\cdots,u_m,t)$，$f(x_1,\cdots,x_n,u_1,\cdots,u_m,t)$及其偏导数$\dfrac{\partial f_0}{\partial x_i},\dfrac{\partial f_0}{\partial u_j},\dfrac{\partial f}{\partial x_i},\dfrac{\partial f}{\partial u_j}(i=1,\cdots,n,j=1,\cdots,m)$在其定义域上连续. 如果 $u^*(k_0),u^*(k_0+1),\cdots,u^*(k_1-1)$是使性能指标达到极值的最优控制序列，相应的最优状态序列为 $x^*(k_0),x^*(k_0+1),\cdots,x^*(k_1-1),x^*(k_1)$，则必存在辅助序列 $\lambda(k+1)$，使得

(1) $x^*(k),u^*(k)$满足状态方程

$$x(k+1)=f(x(k),u(k),k),\quad k=k_0,k_0+1,\cdots,k_1-1.$$

(2) $\lambda(k)$满足辅助方程和终端条件

$$\lambda(k)=\frac{\partial H_k}{\partial x(k)},\quad k=k_0+1,\cdots,k_1-1, \tag{6.2.6}$$

$$\lambda(k_1)=\frac{\partial \Phi(x(k_1))}{\partial x(k_1)}. \tag{6.2.7}$$

(3)

$$\frac{\partial H_k}{\partial u(k)}=0,\quad k=k_0,k_0+1,\cdots,k_1-1. \tag{6.2.8}$$

值得注意的是，上述定理只是离散最优控制所满足的必要条件. 对于终端状态固定的离散最优控制问题，变分法变得不可用. 因为在离散最优控制问题中使用一个假定：$\delta x(k)$，$\delta u(k)$线性无关，对终端自由的离散最优控制问题可以作这样的假定，但对于终端固定的离散最优控制问题，由状态方程(6.2.1)可知，这个假定是不可能成立. 因而不能直接用变分法求解.

例 6.2.1　离散控制系统的状态方程为

$$x(k+1)=x(k)+2u(k),\quad k=0,1,\cdots,7,$$

边界条件为

$$x(0)=1,\quad x(8)=0,$$

性能指标为

$$J[u]=\frac{1}{2}\sum_{k=0}^{7}[u^2(k)+x(k)x(k+1)].$$

求使性能指标达到最小值的控制序列 $u(k)(k=0,\cdots,7)$.

解　哈密顿函数为

$$H_k=\frac{1}{2}[u^2(k)+x(k)x(k+1)]+\lambda(k+1)[x(k)+2u(k)],$$

根据定理 6.2.1 的(2)，辅助方程为

$$\lambda(k)=\frac{1}{2}x(k+1)+\lambda(k+1),\quad k=1,\cdots,7,$$

由定理 6.2.1 的(3) $\dfrac{\partial H_k}{\partial u(k)}=0$，得

$$u(k)+2\lambda(k+1)=0,\quad k=0,\cdots,7,$$

将上式代入状态方程,得

$$x(k+1)=x(k)-4\lambda(k+1),\quad k=0,\cdots,7,$$

因此

$$\lambda(k+1)=\frac{1}{4}[x(k)-x(k+1)],\quad k=0,\cdots,7,$$

于是,由辅助方程得

$$\begin{aligned}\lambda(k)&=\frac{1}{2}x(k+1)+\lambda(k+1)\\&=\frac{1}{2}x(k+1)+\frac{1}{4}[x(k)-x(k+1)]\\&=\frac{1}{4}[x(k)+x(k+1)],\quad k=1,\cdots,7,\end{aligned}$$

即

$$\lambda(k+1)=\frac{1}{4}[x(k+1)+x(k+2)],\quad k=0,\cdots,6,$$

从而

$$\frac{1}{4}[x(k+2)+x(k+1)]=\frac{1}{4}[x(k)-x(k+1)],$$

即

$$x(k+2)+2x(k+1)=x(k),\quad k=0,\cdots,6,$$

将 $x(0)=1$ 代入上式,得

$$\begin{cases}x(1)=\dfrac{1}{2}[1-x(2)],\\x(2)=\dfrac{1}{5}[1-2x(3)],\\x(3)=\dfrac{1}{12}[1-5x(4)],\\x(4)=\dfrac{1}{29}[1-12x(5)],\\x(5)=\dfrac{1}{70}[1-29x(6)],\\x(6)=\dfrac{1}{169}[1-70x(7)],\\x(7)=\dfrac{1}{408}[1-169x(8)].\end{cases}$$

将 $x(8)=0$ 代入上式,得

$$x(7)=\frac{1}{408},\quad x(6)=\frac{2}{408},\quad x(5)=\frac{5}{408},\quad x(4)=\frac{12}{408},$$

$$x(3)=\frac{29}{408},\quad x(2)=\frac{70}{408},\quad x(1)=\frac{169}{408}.$$

由状态方程可得

$$u(k)=\frac{1}{2}[x(k+1)-x(k)],\quad k=0,1,\cdots,7.$$

因此

$$u(0)=\frac{1}{2}\left(\frac{169}{408}-1\right)=-\frac{239}{816},\quad u(1)=\frac{1}{2}\left(\frac{70}{408}-\frac{169}{408}\right)=-\frac{99}{816},$$

$$u(2)=\frac{1}{2}\left(\frac{29}{408}-\frac{70}{408}\right)=-\frac{41}{816},\quad u(3)=\frac{1}{2}\left(\frac{12}{408}-\frac{29}{408}\right)=-\frac{17}{816},$$

$$u(4)=\frac{1}{2}\left(\frac{5}{408}-\frac{12}{408}\right)=-\frac{7}{816},\quad u(5)=\frac{1}{2}\left(\frac{2}{408}-\frac{5}{408}\right)=-\frac{3}{816},$$

$$u(6)=\frac{1}{2}\left(\frac{1}{408}-\frac{2}{408}\right)=-\frac{1}{816},\quad u(7)=\frac{1}{2}\left(-\frac{1}{408}\right)=-\frac{1}{816}.$$

但上述解法有两个问题，其一，由于终端固定，$\delta x(k)$，$\delta u(k)$不可能线性无关，因而不能直接用变分法公式；其二，由于目标函数含有 $x(k+1)$，这与定理 6.2.1 的条件不同，从而应用定理 6.2.1 不合适. 下面给出正确解法.

解　将状态方程 $x(k+1)=x(k)+2u(k)$，$k=0,1,\cdots,7$，代入性能指标得到

$$J[x(0)]=\frac{1}{2}\sum_{k=0}^{7}[u^2(k)+x(k)x(k+1)]=\frac{1}{8}\sum_{k=0}^{7}[x(k)+x(k+1)]^2.$$

令 $F(x(k),x(k+1))=[x(k)+x(k+1)]^2$ 利用定理 6.1.1 得到

$$\begin{aligned}&2[x(k)+x(k+1)]+2[x(k-1)+x(k)]\\&=2[x(k+1)+2x(k)+x(k-1)]=0,\quad k=1,\cdots,7.\end{aligned}$$

将 $x(0)=1$ 代入上式，得

$$\begin{cases}x(1)=-\dfrac{1}{2}[1+x(2)],\\ x(2)=-\dfrac{2}{3}x(3)+\dfrac{1}{3},\\ x(3)=-\dfrac{3}{4}x(4)-\dfrac{1}{4},\\ x(4)=-\dfrac{4}{5}x(5)+\dfrac{1}{5},\\ x(5)=-\dfrac{5}{6}x(6)-\dfrac{1}{6},\\ x(6)=-\dfrac{6}{7}x(7)+\dfrac{1}{7},\\ x(7)=-\dfrac{7}{8}x(8)-\dfrac{1}{8}.\end{cases}$$

将 $x(8)=0$ 代入上式，得

$$x(7)=-\frac{1}{8},\quad x(6)=\frac{1}{4},\quad x(5)=-\frac{3}{8},\quad x(4)=\frac{1}{2},$$

$$x(3)=-\frac{5}{8},\quad x(2)=\frac{3}{4},\quad x(1)=-\frac{7}{8}.$$

由状态方程可得

$$u(k)=\frac{1}{2}[x(k+1)-x(k)],\quad k=0,1,\cdots,7.$$

因此

$$u(0)=\frac{1}{2}\left(-\frac{7}{8}-1\right)=-\frac{15}{16},\quad u(1)=\frac{1}{2}\left(\frac{3}{4}+\frac{7}{8}\right)=\frac{13}{16},$$

$$u(2)=\frac{1}{2}\left(-\frac{5}{8}-\frac{3}{4}\right)=-\frac{11}{16},\quad u(3)=\frac{1}{2}\left(\frac{1}{2}+\frac{5}{8}\right)=\frac{9}{16},$$

$$u(4)=\frac{1}{2}\left(-\frac{3}{8}-\frac{1}{2}\right)=-\frac{7}{16},\quad u(5)=\frac{1}{2}\left(\frac{1}{4}+\frac{3}{8}\right)=\frac{5}{16},$$

$$u(6)=\frac{1}{2}\left(-\frac{1}{8}-\frac{1}{4}\right)=-\frac{3}{16},\quad u(7)=\frac{1}{2}\left(0+\frac{1}{8}\right)=\frac{1}{16}.$$

$$\begin{aligned}J[x(0)]&=\frac{1}{2}\sum_{k=0}^{7}[u^2(k)+x(k)x(k+1)]\\&=\frac{1}{8}\sum_{k=0}^{7}[x(k)+x(k+1)]^2=\frac{1}{64}.\end{aligned}$$

例 6.2.2　离散控制系统的状态方程为

$$x(k+1)=x(k)+2u(k),\quad k=0,1,\cdots,4,$$

边界条件为

$$x(0)=1,\quad x(5)\ \text{自由},$$

性能指标为

$$J[u]=\frac{1}{2}x^2(5)+\frac{1}{2}\sum_{k=0}^{4}[u^2(k)+x(k)x(k+1)].$$

求使性能指标达到最小值的控制序列 $u(k)(k=0,1,\cdots,4)$.

解　哈密顿函数为

$$\overline{H}_k=\frac{1}{2}[u^2(k)+x(k)x(k+1)]+\lambda(k+1)[x(k)+2u(k)-x(k+1)],$$

根据(6.2.4)，

$$\begin{cases}\dfrac{\partial \overline{H}_k}{\partial x(k)}+\dfrac{\partial \overline{H}_{k-1}}{\partial x(k)}=\dfrac{1}{2}x(k+1)+\lambda(k+1)+\dfrac{1}{2}x(k-1)-\lambda(k)=0, \quad k=1,\cdots,4,\\ \dfrac{\partial \overline{H}_k}{\partial \lambda(k)}+\dfrac{\partial \overline{H}_{k-1}}{\partial \lambda(k)}=x(k-1)+2u(k-1)-x(k)=0, \quad k=1,\cdots,4,\\ \dfrac{\partial \overline{H}_k}{\partial u(k)}+\dfrac{\partial \overline{H}_{k-1}}{\partial u(k)}=u(k)+2\lambda(k+1)=0, \quad k=0,\cdots,4,\\ \left.\dfrac{\partial \overline{H}_{k-1}}{\partial x(k)}\right|_{k=5}=\dfrac{1}{2}x(4)-\lambda(5)=-x(5),\\ x(0)=1.\end{cases}$$

将 $u(k)+2\lambda(k+1)=0,k=0,\cdots,4$,代入状态方程,得

$$x(k+1)=x(k)-4\lambda(k+1), \quad k=0,\cdots,4,$$

因此

$$\lambda(k+1)=\frac{1}{4}[x(k)-x(k+1)], \quad k=0,\cdots,4,$$

于是,由辅助方程得

$$\begin{aligned}\lambda(k)&=\frac{1}{2}[x(k+1)+x(k-1)]+\lambda(k+1)\\ &=\frac{1}{2}[x(k+1)+x(k-1)]+\frac{1}{4}[x(k)-x(k+1)]\\ &=\frac{1}{4}[x(k)+x(k+1)]+\frac{1}{2}x(k-1), \quad k=1,\cdots,4,\end{aligned}$$

即

$$\lambda(k+1)=\frac{1}{4}[x(k+1)+x(k+2)]+\frac{1}{2}x(k), \quad k=0,\cdots,3,$$

从而

$$\frac{1}{4}[x(k+2)+x(k+1)]+\frac{1}{2}x(k)=\frac{1}{4}[x(k)-x(k+1)],$$

即

$$x(k+2)+2x(k+1)+x(k)=0, \quad k=0,\cdots,3,$$

将 $x(0)=1$ 代入上式,得

$$\begin{cases}x(1)=-\dfrac{1}{2}[1+x(2)],\\ x(2)=-\dfrac{2}{3}x(3)+\dfrac{1}{3},\\ x(3)=-\dfrac{3}{4}x(4)-\dfrac{1}{4},\\ x(4)=-\dfrac{4}{5}x(5)+\dfrac{1}{5},\end{cases}$$

终端条件为

$$\frac{1}{2}x(4)-\lambda(5)=-x(5),$$

因此，

$$\frac{1}{4}[x(5)+x(4)]=-x(5),$$

即

$$x(4)=-5x(5),$$

于是

$$x(5)=-\frac{1}{21},\quad x(4)=\frac{5}{21},\quad x(3)=-\frac{3}{7},\quad x(2)=\frac{13}{21},\quad x(1)=-\frac{17}{21},$$

从而，由状态方程可得最优控制序列

$$u(0)=\frac{1}{2}[x(1)-x(0)]=\frac{1}{2}\left(-\frac{17}{21}-1\right)=-\frac{19}{21},$$

$$u(1)=\frac{1}{2}[x(2)-x(1)]=\frac{1}{2}\left(\frac{13}{21}+\frac{17}{21}\right)=\frac{15}{21},$$

$$u(2)=\frac{1}{2}[x(3)-x(2)]=\frac{1}{2}\left(-\frac{9}{21}-\frac{13}{21}\right)=-\frac{11}{21},$$

$$u(3)=\frac{1}{2}[x(4)-x(3)]=\frac{1}{2}\left(\frac{5}{21}+\frac{9}{21}\right)=\frac{7}{21},$$

$$u(4)=\frac{1}{2}[x(5)-x(4)]=\frac{1}{2}\left(-\frac{1}{21}-\frac{5}{21}\right)=-\frac{3}{21}.$$

$$J[u]=\frac{1}{2}x^2(5)+\frac{1}{2}\sum_{k=0}^{4}[u^2(k)+x(k)x(k+1)]=\frac{1}{42}.$$

6.3 离散控制系统的最大值原理

在很多情况下，控制变量只能在一定的范围内取值，因此需要考虑控制变量有约束的控制系统. 对这样的系统不能应用变分法求解，给出求解控制变量有约束的离散最优控制问题的最大值原理.

系统的状态方程为

$$x(k+1)=f(x(k),u(k),k),\quad k=k_0,k_0+1,\cdots,k_1-1,\tag{6.3.1}$$

初始状态 $x(k_0)=x_0$，终端状态 $x(k_1)$ 自由，控制序列 $u(k)(k=k_0,\cdots,k_1-1)$ 满足约束

$$g(u(k),k) \geqslant b(k), \quad k = k_0, k_0+1, \cdots, k_1-1, \tag{6.3.2}$$

性能指标为含有终端性能指标的泛函

$$J[u] = \Phi(x(k_1)) + \sum_{k=k_0}^{k_1-1} f_0(x(k),u(k),k), \tag{6.3.3}$$

其中,$x(k)$为 n 维列向量,$u(k)$为 m 维列向量,$g(k)$和 $b(k)$为 r 维列向量. 最优控制问题是求满足状态方程和约束条件的控制序列 $u(k)(k=k_0,\cdots,k_1-1)$使性能指标达到最大.

定理 6.3.1　设函数 $f_0(x_1,\cdots,x_n,u_1,\cdots,u_m,t)$, $f(x_1,\cdots,x_n,u_1,\cdots,u_m,t)$及其偏导数$\dfrac{\partial f_0}{\partial x_i}$,$\dfrac{\partial f}{\partial x_i}(i=1,\cdots,n)$在其定义域上连续. 如果 $u^*(k)(k=k_0,k_0+1,\cdots,k_1-1)$是使性能指标达到最大值的最优控制序列,相应的最优状态序列为 $x^*(k)(k=k_0,k_0+1,\cdots,k_1)$,则必存在辅助序列 $\lambda(k+1)(k=k_0,k_0+1,\cdots,k_1)$,使得

(1) $x^*(k)$,$u^*(k)$满足状态方程

$$x(k+1) = f(x(k),u(k),k), \quad k = k_0, k_0+1, \cdots, k_1-1.$$

(2) $\lambda(k)$满足辅助方程和终端条件

$$\lambda(k) = \frac{\partial H_k}{\partial x(k)}, \quad k = k_0, \cdots, k_1, \tag{6.3.4}$$

$$\lambda(k_1) = \frac{\partial \Phi(x(k_1))}{\partial x(k_1)}. \tag{6.3.5}$$

(3) 哈密顿函数 H_k 在 $u(k)=u^*(k)(k=k_0,k_0+1,\cdots,k_1-1)$处取最大值,即

$$\begin{aligned} &H(x^*(k),\lambda(k+1),u^*(k),k) \\ &= \max_{g(u(k))\geqslant b(k)} H(x^*(k),\lambda(k+1),u(k),k), \end{aligned} \tag{6.3.6}$$

其中,哈密顿函数 H_k 为

$$\begin{aligned} H_k &= H(x(k),\lambda(k+1),u(k),k) \\ &= f_0(x(k),u(k),k) + \lambda^{\mathrm{T}}(k+1) f(x(k),u(k),k). \end{aligned} \tag{6.3.7}$$

例 6.3.1　离散控制系统的状态方程为

$$x(k+1) = x(k) + u(k), \quad k = 0,1,2,3,$$

边界条件为

$$x(0) = 1, \quad x(4)\ \text{自由},$$

控制约束为

$$0 \leqslant u(k) \leqslant 1, \quad k = 0,1,2,3,$$

性能指标为

$$J[u] = -\frac{5}{2}x(4) + \sum_{k=0}^{3}[x(k) + 2u(k)],$$

求满足状态方程和控制约束的控制序列 $u^*(k)(k=0,1,2,3)$使性能指标达到最小值.

解 哈密顿函数为

$$\begin{aligned}H_k &= -[x(k) + 2u(k)] + \lambda(k+1)[x(k) + u(k)] \\ &= [\lambda(k+1) - 2]u(k) - x(k)[1 - \lambda(k+1)],\end{aligned}$$

辅助方程为

$$\lambda(k) = \frac{\partial H_k}{\partial x(k)} = \lambda(k+1) - 1, \quad k = 1,2,3,$$

终端条件为

$$\lambda(4) = \frac{\partial \Phi(x(4))}{\partial x(4)} = \frac{5}{2},$$

于是

$$\lambda(3) = \frac{3}{2}, \quad \lambda(2) = \frac{1}{2}, \quad \lambda(1) = -\frac{1}{2}.$$

根据最大值原理,

$$u^*(k) = \begin{cases}1, & \lambda(k+1) - 2 > 0, \\ 0, & \lambda(k+1) - 2 < 0,\end{cases}$$

从而

$$u^*(0) = 0, \quad u^*(1) = 0, \quad u^*(2) = 0, \quad u^*(3) = 1.$$

习 题 6

1. 求泛函的最小值

(1) $$J = \frac{1}{2}x^2(8) + \sum_{k=0}^{7}\left[\frac{1}{2}x^2(k+1) + x(k)x(k+1)\right],$$

初始状态 $x(0)=1$,终端状态自由.

(2) $$J = \frac{1}{2}\sum_{k=0}^{7}[x(k+1) + x(k)]^2,$$

两端的状态固定 $x(0)=1, x(8)=0$.

(3) $$J = \frac{1}{2}\sum_{k=0}^{7}[2u^2(k) - x(k)u(k)],$$

初始状态 $x(0)=2$,终端状态自由,状态约束为

$$x(k+1) = x(k) - u(k).$$

2. 设控制系统的状态方程为

$$x(k+1)=x(k)+u(k),\quad k=0,1,2,3,$$

初始条件为

$$x(0)=1,$$

控制变量满足不等式约束

$$0\leqslant u(k)\leqslant 1,\quad k=0,1,2,3,$$

性能指标为

$$J=\frac{5}{2}x(4)-\sum_{k=0}^{3}[x(k)+2u(k)].$$

求使 J 达到最大的控制序列 $u^*(0),u^*(1),u^*(2),u^*(3)$ 和相应的状态序列 $x^*(1),x^*(2),x^*(3)$.

3. 设控制系统的状态方程为

$$x(k+1)=x(k)+u(k),\quad k=0,1,2,3,$$

初始条件为

$$x(0)=1,$$

控制变量满足不等式约束

$$-1\leqslant u(k)\leqslant 1,\quad k=0,1,2,3,$$

性能指标为

$$J=-\frac{9}{2}x(4)+\sum_{k=0}^{3}[x(k)+3u(k)].$$

求使 J 达到最大的控制序列 $u^*(0),u^*(1),u^*(2),u^*(3)$.

4. 设控制系统的状态方程为

$$x(k+1)=Ax(k)+Bu(k),\quad k=0,1,2,3,$$

初始条件为

$$x(0)=(1,1)^{\mathrm{T}},$$

其中，

$$x(k)=(x_1(k),x_2(k))^{\mathrm{T}},\quad A=\begin{pmatrix}1&0\\0&1\end{pmatrix},\quad B=\begin{pmatrix}0\\-1\end{pmatrix},$$

性能指标为

$$J=\frac{1}{2}x_1^2(4)+\frac{1}{2}\sum_{k=0}^{3}u^2(k).$$

求使 J 达到最小的控制序列 $u^*(0),u^*(1),u^*(2),u^*(3)$.

第7章　线性二次型最优控制问题

在应用最大值原理求解时间最优控制问题或某些其他性能指标的最优控制问题时，在确定最优控制的过程中，由于最佳控制往往依赖于辅助变量，而辅助变量又难于求得，因此遇到了不易克服的困难，找不到最优控制的解析表达式. 当控制系统的状态方程为线性方程，性能指标为二次型时，它的最优控制就可以写成统一的解析表达式，并且可以用线性反馈形式给出. 我们把这样的最优控制问题称为线性二次型最优控制问题，也叫做状态调节器问题. 它具有便于求解的形式，在工程和计算上都十分方便，人们对这种性能指标给予了特别注意. 本章介绍状态调节器问题及其应用.

7.1　有限时间的状态调节器问题

为了简单起见，考虑时不变系统，系统的状态方程是

$$\dot{x} = Ax + Bu, \tag{7.1.1}$$

性能指标为

$$J[u] = \frac{1}{2}\int_{t_0}^{T}[x^{\mathrm{T}}(t)Qx(t) + u^{\mathrm{T}}(t)Ru(t)]\mathrm{d}t, \tag{7.1.2}$$

其中，A 为 n 阶常方阵，B 为 $m\times n$ 常矩阵，Q 为 n 阶半正定的对称常方阵，R 为正定的 m 阶对称方阵，终端状态自由，终端时刻 T 已定，控制函数 $u(t)$ 不受约束，实际上性能指标(7.1.2)对 $u(t)$ 是某种无形的约束. 问题是寻求使性能指标 $J[u]$ 达到最小值的最优控制函数 $u^*(t)$. 这种控制问题被称为状态调节问题，$u^*(t)$ 称为状态最优调节器.

用变分法求解上述状态调节问题.

哈密顿函数为

$$H = -\frac{1}{2}x^{\mathrm{T}}(t)Qx(t) - \frac{1}{2}u^{\mathrm{T}}(t)Ru(t) + \lambda^{\mathrm{T}}(t)[Ax(t) + Bu(t)].$$

根据变分法，有

$$\frac{\partial H}{\partial u} = -Ru + B^{\mathrm{T}}\lambda = 0,$$

由于 R 是正定矩阵，因此它可逆，其逆矩阵为 R^{-1}，于是可以从上式中解出 u，得到

最优控制

$$u^*(t) = R^{-1}B^{T}\lambda(t), \tag{7.1.3}$$

将(7.1.3)代入状态方程(7.1.1),得

$$\dot{x} = Ax + BR^{-1}B^{T}\lambda, \tag{7.1.4}$$

辅助方程为

$$\dot{\lambda} = -\frac{\partial H}{\partial x} = Qx - A^{T}\lambda, \tag{7.1.5}$$

由于终端是自由的,且没有终端性能指标项,故

$$\lambda(T) = 0. \tag{7.1.6}$$

方程(7.1.4)～(7.1.6)和初值条件 $x(t_0)=x_0$ 构成了微分方程的两点边值问题,求解这个两点边值问题,并将 $\lambda(t)$ 代入(7.1.3)就可得到最佳调节器 $u^*(t)$. 但是常常希望求得反馈形式的最优控制,就是把最优控制表达为状态变量的函数,为此,只需把辅助变量表示为状态变量的函数. 因为方程(7.1.4)和(7.1.5)是线性齐次方程组,因此,有理由期望 $\lambda(t)$ 和 $x(t)$ 也存在着某种线性关系. 事实上,设 $\Phi(t)$ 是线性方程组(7.1.4)和(7.1.5)的基本解矩阵,

$$\Phi(T,t) = \Phi(T)\Phi^{-1}(t),$$

则有

$$\begin{pmatrix} x(T) \\ \lambda(T) \end{pmatrix} = \Phi(T,t)\begin{pmatrix} x(t) \\ \lambda(t) \end{pmatrix},$$

将上式改写为

$$\begin{pmatrix} x(t) \\ \lambda(t) \end{pmatrix} = \Phi^{-1}(T,t)\begin{pmatrix} x(T) \\ \lambda(T) \end{pmatrix},$$

其中,

$$\Phi^{-1}(T,t) = \Phi^{-1}(t)\Phi(T) = \begin{pmatrix} \Delta_{11}(T,t) & \Delta_{12}(T,t) \\ \Delta_{21}(T,t) & \Delta_{22}(T,t) \end{pmatrix}.$$

由于 $\lambda(T)=0$,故

$$\Delta_{11}(T,t)x(T) = x(t), \tag{7.1.7}$$

$$\Delta_{21}(T,t)x(T) = \lambda(t), \tag{7.1.8}$$

如果对任何初始时刻 t 和初始状态 $x(t)$,该两点边值问题都有解,那么必存在 $x(T)$ 满足(7.1.7),由 $x(t)$ 的任意性,$\Delta_{11}(T,t)$ 有逆,于是

$$\lambda(t) = \Delta_{21}(T,t)x(T) = \Delta_{21}(T,t)\Delta_{11}^{-1}(T,t)x(t) = P(t)x(t), \tag{7.1.9}$$

其中,

$$P(t)=\Delta_{21}(T,t)\Delta_{11}^{-1}(T,t).$$

对式(7.1.9)的两边求导,得

$$\dot{\lambda}=\dot{P}x+P\dot{x}, \tag{7.1.10}$$

将(7.1.4)、(7.1.5)和(7.1.9)代入式(7.1.10),得

$$Qx-A^{\mathrm{T}}Px=\dot{P}x+PAx+PBR^{-1}B^{\mathrm{T}}Px,$$

经过整理后,得

$$(\dot{P}+PA+A^{\mathrm{T}}P+PBR^{-1}B^{\mathrm{T}}P-Q)x=0,$$

其中,$x(t)$是方程(7.1.4)满足任意初始状态的解,因此

$$\dot{P}+PA+A^{\mathrm{T}}P+PBR^{-1}B^{\mathrm{T}}P-Q=0,$$

即

$$\dot{P}=-PA-A^{\mathrm{T}}P-PBR^{-1}B^{\mathrm{T}}P+Q. \tag{7.1.11}$$

由于 $\Delta_{21}(T,T)=0$,$\Delta_{11}^{-1}(T,T)=I$,因此

$$P(T)=\Delta_{21}(T,T)\Delta_{11}^{-1}(T,T)=O. \tag{7.1.12}$$

方程(7.1.11)是一个矩阵里卡蒂微分方程,将式(7.1.11)转置,由 Q,R 的对称性,得

$$\dot{P}^{\mathrm{T}}=-P^{\mathrm{T}}A-A^{\mathrm{T}}P^{\mathrm{T}}-P^{\mathrm{T}}BR^{-1}B^{\mathrm{T}}P^{\mathrm{T}}+Q,$$

而且

$$P^{\mathrm{T}}(T)=O.$$

这表明 P^{T},P 满足相同的微分方程和相同的终端条件,于是 $P^{\mathrm{T}}(t)=P(t)$,即 $P(t)$ 是对称的. 于是,得到如下结果.

定理 7.1.1 有限时间的状态调节器问题(7.1.1)和(7.1.2)的最优控制为

$$u^{*}(t)=R^{-1}B^{\mathrm{T}}P(t)x(t), \tag{7.1.13}$$

其中,$P(t)$是矩阵里卡蒂微分方程(7.1.11)和(7.1.12)的解. 最优轨线 $x^{*}(t)$是微分方程初值问题

$$\dot{x}=Ax+BR^{-1}B^{\mathrm{T}}Px,\quad x(t_0)=x_0 \tag{7.1.14}$$

的解.

设 $u(t)$是某一个控制,$x(t)$是相应的状态,那么 $J[u]$除了依赖于 $u(t)$以外还依赖于 $x(t_0)$,所以把性能指标记成

$$J[u,x(t_0)]=\frac{1}{2}\int_{t_0}^{T}[x^{\mathrm{T}}(t)Qx(t)+u^{\mathrm{T}}(t)Ru(t)]\mathrm{d}t.$$

当 $u(t)=u^*(t)$ 时，性能指标记成

$$J^*[x(t_0),t_0],$$

这个记号着重强调性能指标的最小值 J^* 与初始时刻和初始状态的依赖关系.

定理 7.1.2 如果控制函数以反馈形式

$$u(t)=R^{-1}B^{\mathrm{T}}P(t)x(t)$$

给出，则该控制就是状态最优调节器，并且性指标的最小值为

$$J^*[x(t_0),t_0]=-\frac{1}{2}x^{\mathrm{T}}(t_0)P(t_0)x(t_0),$$

其中，$P(t)$ 为(7.1.11)和(7.1.12)的解.

证明 将函数 $x^{\mathrm{T}}(t)P(t)x(t)$ 关于 t 求导，得

$$\frac{\mathrm{d}}{\mathrm{d}t}(x^{\mathrm{T}}Px)=\dot{x}Px+x^{\mathrm{T}}\dot{P}x+x^{\mathrm{T}}P\dot{x},\qquad(7.1.15)$$

将式(7.1.1)和(7.1.11)代入式(7.1.15)，整理以后，得

$$\frac{\mathrm{d}}{\mathrm{d}t}(x^{\mathrm{T}}Px)=x^{\mathrm{T}}Qx+u^{\mathrm{T}}Ru-(u-R^{-1}B^{\mathrm{T}}Px)^{\mathrm{T}}R(u-R^{-1}B^{\mathrm{T}}Px),\qquad(7.1.16)$$

式(7.1.16)两边关于 t 从 t_0 到 T 积分，有

$$\begin{aligned}&-x^{\mathrm{T}}(t_0)P(t_0)x(t_0)\\&=2J[u(t),x(t_0)]-\int_{t_0}^{T}(u-R^{-1}B^{\mathrm{T}}Px)^{\mathrm{T}}R(u-R^{-1}B^{\mathrm{T}}Px)\mathrm{d}t,\end{aligned}$$

即

$$\begin{aligned}&J[u(t),x(t_0)]\\&=-\frac{1}{2}x^{\mathrm{T}}(t_0)P(t_0)x(t_0)+\frac{1}{2}\int_{t_0}^{T}(u-R^{-1}B^{\mathrm{T}}Px)^{\mathrm{T}}R(u-R^{-1}B^{\mathrm{T}}Px)\mathrm{d}t.\end{aligned}$$

从 R 的正定性可见，当 $u(t)=R^{-1}B^{\mathrm{T}}P(t)x(t)$ 时，$J[u(t),x(t_0)]$ 取最小值，并且其最小值为

$$J^*[x(t_0),t_0]=-\frac{1}{2}x^{\mathrm{T}}(t_0)P(t_0)x(t_0).$$

由于 $P(t)$ 是矩阵里卡蒂微分方程(7.1.11)和(7.1.12)的解，因此，它依赖于终端时刻 T，记成

$$P(t)=P(t,T).$$

定理 7.1.3 矩阵里卡蒂微分方程(7.1.11)和(7.1.12)的解 $P(t,T)$ 是半负定的；当 Q 为正定矩阵时，则 $P(t,T)$ 是负定的.

证明 对任意初始时刻 t 和初始状态 $x(t)\neq 0(t_0\leqslant t\leqslant T)$，根据定理 7.1.2 有

$$-\frac{1}{2}x^{\mathrm{T}}(t)P(t,T)x(t)=J^*[x(t),t]$$
$$=\frac{1}{2}\int_t^T[(x^*(\tau))^{\mathrm{T}}Qx^*(\tau)+(u^*(\tau))^{\mathrm{T}}Ru^*(\tau)]\mathrm{d}\tau.$$

由于 Q 是半正定的,R 是正定的,所以上式右端非负,若 Q 也是正定的,则上式右端恒正.

上述 3 个定理是针对自治系统得出的,当系统的状态方程为非自治线性方程

$$\dot{x}=A(t)x(t)+B(t)u(t),$$

性能指标(7.1.2)中的矩阵 Q,R 与时间 t 有关时,上述定理仍然成立.在性能指标(7.1.2)中添加终端性能指标项

$$\frac{1}{2}x^{\mathrm{T}}(T)Fx(T),$$

即

$$J[u]=\frac{1}{2}x^{\mathrm{T}}(T)Fx(T)+\frac{1}{2}\int_{t_0}^T[x^{\mathrm{T}}(t)Q(t)x(t)+u^{\mathrm{T}}(t)R(t)u(t)]\mathrm{d}t,$$

定理 7.1.1 仍然成立,而且里卡蒂矩阵微分方程式(7.1.11)的推导过程也完全相同,其中 F,$Q(t)$ 为半正定的对称矩阵,$R(t)$ 为正定对称矩阵,而方程(7.1.12)所满足的条件应改为

$$P(T)=-F. \tag{7.1.17}$$

例 7.1.1 线性一阶控制系统

$$\dot{x}=-\frac{1}{2}x+u,$$

初始状态 $x(0)=x_0$ 给定,性能指标为

$$J=\frac{1}{2}\int_0^1[2x^2(t)+u^2(t)]\mathrm{d}t.$$

求系统的最优状态调节器及最优轨线.

解 这个问题的里卡蒂微分方程为

$$\dot{P}=P-P^2+2,\quad P(1)=0,$$

用分离变量法求解得

$$P(t)=\frac{-1+\mathrm{e}^{3(t-1)}}{1+\frac{1}{2}\mathrm{e}^{3(t-1)}},$$

由定理 7.1.1,最优状态调节器为

$$u^*(t)=\frac{-2+2\mathrm{e}^{3(t-1)}}{2+\mathrm{e}^{3(t-1)}}x(t),$$

将其代入状态方程,整理得

$$\dot{x}=-\frac{3}{2}\left(1-\frac{2\mathrm{e}^{3(t-1)}}{2+\mathrm{e}^{3(t-1)}}\right)x(t),$$

求解得最优轨线

$$x^{*}(t)=\frac{2+\mathrm{e}^{3(t-1)}}{2+\mathrm{e}^{-3}}\mathrm{e}^{\frac{3}{2}t}x_{0}.$$

例 7.1.2　设系统的状态方程为

$$\dot{x}=Ax+Bu,$$

性能指标

$$J=\frac{1}{2}x^{\mathrm{T}}(T)Fx(T)+\frac{1}{2}\int[x^{\mathrm{T}}(t)Qx(t)+u^{2}(t)]\mathrm{d}t,$$

其中,

$$A=\begin{pmatrix}0&1\\1&0\end{pmatrix},\quad B=\begin{pmatrix}0\\1\end{pmatrix},\quad F=\begin{pmatrix}1&0\\0&1\end{pmatrix},\quad Q=\begin{pmatrix}1&0\\0&0\end{pmatrix}.$$

求最优状态调节器.

解　里卡蒂微分方程

$$\dot{P}=-PA-A^{\mathrm{T}}P-PBB^{\mathrm{T}}P+Q,$$

终端条件为

$$P(T)=-F.$$

令

$$P=\begin{pmatrix}P_{1}&P_{2}\\P_{2}&P_{3}\end{pmatrix},$$

则有

$$\begin{aligned}\dot{P}_{1}&=-2P_{2}-P_{2}^{2}+1,\quad P_{1}(T)=-1,\\\dot{P}_{2}&=-(P_{1}+P_{2})-P_{2}P_{3},\quad P_{2}(T)=0,\\\dot{P}_{3}&=-2P_{2}-P_{3}^{2},\quad P_{3}(T)=-1.\end{aligned}$$

解出这些方程后,代入最优控制表达式中,得

$$\begin{aligned}u^{*}(t)&=R^{-1}B^{\mathrm{T}}Px(t)\\&=(0,1)\begin{pmatrix}P_{1}&P_{2}\\P_{2}&P_{3}\end{pmatrix}\begin{pmatrix}x_{1}(t)\\x_{2}(t)\end{pmatrix}\\&=P_{2}x_{1}+P_{3}x_{2},\end{aligned}$$

就是最优调节器.

例 7.1.3(简化的拦截或交会问题) 设 $x_1(t)$ 与 $x_2(t)$ 分别表示相对位移与速度,控制向量 $u(t)$ 是外力加速度,系统的状态方程为

$$\dot{x}_1(t) = x_2(t),$$
$$\dot{x}_2(t) = u(t),$$

性能指标为

$$J = \frac{1}{2}sx_2^2(T) + \frac{1}{2}\int_{t_0}^{T} u^2(t)\mathrm{d}t.$$

求使性能指标达到最小的反馈控制 $u^*(t)$.

解 这是一个自治系统的状态调节器问题,其中,矩阵 $A=\begin{pmatrix}0 & 1\\ 0 & 0\end{pmatrix}$,$B=\begin{pmatrix}0\\ 1\end{pmatrix}$,$Q=0$,$R=1$,$F=\begin{pmatrix}0 & 0\\ 0 & s\end{pmatrix}$,写出该问题的矩阵里卡蒂微分方程

$$\dot{P}_1 = -P_2^2, \quad P_1(T) = 0,$$
$$\dot{P}_2 = -P_2P_3 + P_1, \quad P_2(T) = 0,$$
$$\dot{P}_3 = -P_3^2 + 2P_2, \quad P_3(T) = -s.$$

求解得

$$P_1 = 0, \quad P_2 = 0, \quad P_3 = \frac{1}{t - T - 1/s},$$

于是

$$u^*(t) = \frac{1}{t - T - 1/s}x_2(t).$$

7.2 无限时间的状态调节器问题

7.1 节讨论了有限时间区间的状态调节器问题,尽管系统中的矩阵 A,B,Q 和 R 都是常矩阵,由于 $P(t)$ 是里卡蒂微分方程(7.1.11)～(7.1.12)的解,所以 $P(t)$ 是时变的,因此状态最优调节器也是时变的.但是当时间为无限时,$P(t)$ 就由时变的矩阵转变成定常的矩阵.这为工程的实现带来了许多的方便.现在来考虑时间为无限的状态调节器问题,系统的状态方程为自治线性方程

$$\dot{x} = Ax + Bu, \quad x(t_0) = x_0, \tag{7.2.1}$$

性能指标为

$$J[u] = \frac{1}{2}\int_{t_0}^{\infty}[x^{\mathrm{T}}(t)Qx(t) + u^{\mathrm{T}}(t)Ru(t)]\mathrm{d}t, \tag{7.2.2}$$

其中,A,B 是常矩阵,Q,R 分别为半正定和正定的常矩阵.问题是寻求求使性能指

标达到最小的反馈控制 $u^*(t)=kx(t)$. 为此,需要如下引理.

引理 7.2.1 (卡尔曼)[15]　设 $P(t)$ 是里卡蒂矩阵微分方程

$$\dot{P}(t) = -P(t)A - A^{\mathrm{T}}P(t) - P(t)BR^{-1}B^{\mathrm{T}}P(t) + Q$$

的解. 如果受控系统(7.2.1)可控,则

$$\lim_{t\to\infty} P(t) = P,$$

其中,常数矩阵 P 是里卡蒂代数方程

$$PA + A^{\mathrm{T}}P + PBR^{-1}B^{\mathrm{T}}P = Q \tag{7.2.3}$$

的对称负定解.

类似上节定理 7.1.1 的讨论,并应用引理 7.2.1,有

定理 7.2.1　设自治控制系统(7.2.1)可控. 则使性能指标(7.2.2)达到最小的最优调节器 $u^*(t)$ 存在,并由公式

$$u^*(t) = R^{-1}B^{\mathrm{T}}Px(t)$$

唯一确定,其中,P 是里卡蒂代数方程(7.2.3)的对称负定解,最佳轨线 x^* 满足下面的初值问题:

$$\dot{x} = (A + BR^{-1}B^{\mathrm{T}}P)x, \quad x(t_0) = x_0, \tag{7.2.4}$$

性能指标的最小值为

$$J^*[x(t_0), t_0] = -\frac{1}{2}x^{\mathrm{T}}(t_0)Px(t_0). \tag{7.2.5}$$

注　为保证性能指标(7.2.2)中无穷积分的收敛性,系统(7.2.1)的可控性是必不可少的.

考察如下无限时间线性二次型控制系统:

系统状态方程为

$$\dot{x} = \begin{pmatrix} 1 & 0 \\ 0 & 1 \end{pmatrix} x + \begin{pmatrix} 0 \\ 1 \end{pmatrix} u,$$

初始条件为

$$x(t_0) = (1, 0)^{\mathrm{T}},$$

性能指标为

$$J[u] = \frac{1}{2}\int_{t_0}^{\infty} \left[x^{\mathrm{T}}(t) \begin{pmatrix} 1 & 0 \\ 0 & 0 \end{pmatrix} x(t) + u^2 \right] \mathrm{d}t,$$

取控制函数 $u(t)=0$,状态方程满足初始条件的解为

$$x_1(t) = \mathrm{e}^t, \quad x_2(t) = 0,$$

此时,性能指标为

$$J[0]=\frac{1}{2}\int_{t_0}^{\infty}x_1^2(t)\mathrm{d}t=\int_{t_0}^{\infty}\mathrm{e}^{2t}\mathrm{d}t$$

发散，这表明无限时间状态调节器问题不一定有解. 注意到

$$A=\begin{pmatrix}1&0\\0&1\end{pmatrix},\quad B=\begin{pmatrix}0\\1\end{pmatrix},\quad T=(B,AB)=\begin{pmatrix}0&0\\1&1\end{pmatrix},\quad 秩\ T=1,$$

由定理 5.1.1 知上述受控系统是不可控的. 系统的不可控性引起了性能指标的不收敛.

注 对于无限时间状态调节器问题，通常在性能指标中不考虑终端指标，即取 $F=O$，是基于如下两个原因：其一是要求系统稳态的误差为零，即 $\lim\limits_{T\to\infty}x(T)=0$，因而在性能指标中不必加入终端指标项. 其二是工程上仅参考系统有限时间内的响应，因而终端指标项失去工程意义.

例 7.2.1 一阶控制系统

$$\dot{x}=ax+u,\quad x(t_0)=x_0,$$

性能指标

$$J[u]=\frac{1}{2}\int_{t_0}^{\infty}(qx^2+ru^2)\mathrm{d}t$$

为最小($q,r>0$)，求最优状态调节器 u^*.

解 由里卡蒂代数方程得

$$q=2aP+\frac{1}{r}P^2,$$

解出

$$P=-ar\pm\sqrt{(ar)^2+rq},$$

但是由于 $rq>0$，以及 P 为负定的，所以应该取

$$P=-ar-\sqrt{(ar)^2+rq},$$

由此得最佳状态调节器为

$$u^*=\left[-ar-\sqrt{(ar)^2+rq}\right]x(t),$$

$$J[x(t_0),t_0]=\frac{1}{2}\left[ar+\sqrt{(ar)^2+qr}\right]x_0^2.$$

例 7.2.2 二阶控制系统的状态方程为

$$\dot{x}=\begin{pmatrix}0&1\\0&0\end{pmatrix}x+\begin{pmatrix}0\\1\end{pmatrix}u,\quad x(t_0)=(\xi,\eta)^{\mathrm{T}},$$

性能指标为

$$J[u]=\frac{1}{2}\int_{t_0}^{T}\left[x^{\mathrm T}\begin{pmatrix}a & b\\ b & c\end{pmatrix}x+u^2\right]\mathrm{d}t,$$

其中，$a>0,b>0,c>0,b^2-ac<0$. 求使性能指标 $J[u]$ 取最小值的最优状态调节器 u^* 和最优值 $J^*[x(t_0),t_0]$.

解　$A=\begin{pmatrix}0 & 1\\ 0 & 0\end{pmatrix},B=\begin{pmatrix}0\\ 1\end{pmatrix},Q=\begin{pmatrix}a & b\\ b & c\end{pmatrix},R=(1)$，容易验证该系统是可控的. 矩阵里卡蒂代数方程为

$$\begin{pmatrix}p_1 & p_2\\ p_2 & p_3\end{pmatrix}\begin{pmatrix}0 & 1\\ 0 & 0\end{pmatrix}+\begin{pmatrix}0 & 0\\ 1 & 0\end{pmatrix}\begin{pmatrix}p_1 & p_2\\ p_2 & p_3\end{pmatrix}+\begin{pmatrix}p_1 & p_2\\ p_2 & p_3\end{pmatrix}\begin{pmatrix}0\\ 1\end{pmatrix}(0\quad 1)\begin{pmatrix}p_1 & p_2\\ p_2 & p_3\end{pmatrix}=\begin{pmatrix}a & b\\ b & c\end{pmatrix},$$

化简得

$$\begin{pmatrix}0 & p_1\\ 0 & p_2\end{pmatrix}+\begin{pmatrix}0 & 0\\ p_1 & p_2\end{pmatrix}+\begin{pmatrix}p_2^2 & p_2p_3\\ p_2p_3 & p_3^2\end{pmatrix}=\begin{pmatrix}a & b\\ b & c\end{pmatrix},$$

由此得

$$p_2^2=a,\quad p_1+p_1p_3=b,\quad 2p_2+p_3^2=c,$$

于是

$$p_2=\pm\sqrt{a},\quad p_3=\pm\sqrt{c\pm 2\sqrt{a}},\quad p_1=b-(\pm\sqrt{a})\sqrt{c\pm 2\sqrt{a}}.$$

由于矩阵里卡蒂代数方程的解

$$P=\begin{pmatrix}p_1 & p_2\\ p_2 & p_3\end{pmatrix}$$

是负定的，故

$$p_1<0,\quad p_3p_1-p_2^2>0,\quad p_3<0,$$

又由于 $b>0$，故

$$p_2=-\sqrt{a},\quad p_3=-\sqrt{c-2\sqrt{a}},\quad p_1=b-(\sqrt{a})\sqrt{c-2\sqrt{a}}.$$

最优状态调节器为

$$u^*=R^{-1}B^{\mathrm T}Px=p_2x_1+p_3x_2=-(\sqrt{a}x_1+\sqrt{c-2\sqrt{a}}x_2),$$

性能指标的最优值

$$J^*[x(t_0),t_0]=-\frac{1}{2}x_0^{\mathrm T}Px_0$$

$$=-\frac{1}{2}(p_1\xi^2+2p_2\xi\eta+p_3\eta^2)$$

$$=\frac{1}{2}\Big((\sqrt{ac-2a^{3/2}}-b)\xi^2+2\sqrt{a}\xi\eta+\sqrt{c-2\sqrt{a}}\eta^2\Big).$$

7.3 输出调节器问题

输出调节器问题是要求在节省能量的基础上，当系统受到扰动时，使系统的输出保持在平衡状态附近.

设系统的状态方程为线性方程

$$\dot{x}=A(t)x+B(t)u,\quad x(t_0)=x_0, \tag{7.3.1}$$

系统的输出为

$$y(t)=C(t)x(t), \tag{7.3.2}$$

系统的性能指标为

$$J[u]=\frac{1}{2}y^{\mathrm{T}}(T)Fy(T)+\frac{1}{2}\int_{t_0}^{T}[y^{\mathrm{T}}Q(t)y+u^{\mathrm{T}}R(t)u]\mathrm{d}t, \tag{7.3.3}$$

其中，x 是 n 维向量，u 是 m 维控制向量，y 是 r 维向量，$A(t)$，$B(t)$和 $C(t)$分别是连续的 $n\times n$，$n\times m$ 和 $r\times n$ 矩阵函数，F 是 r 阶半正定矩阵，$Q(t)$是 r 阶半正定的连续矩阵函数，$R(t)$是 m 阶正定的连续矩阵函数. 终端时刻 T 给定，控制函数 $u(t)$ 不受约束，系统是可观测的. 输出调节器问题是寻求使系统的性能指标 $J[u]$取最小的控制函数 $u(t)$.

求解输出调节器问题的途径就是将它归结为状态调节器问题. 为此，将(7.3.2)代入(7.3.3)得

$$\begin{aligned}J[u]=&\frac{1}{2}x^{\mathrm{T}}(T)C^{\mathrm{T}}(T)FC(T)x(T)\\&+\frac{1}{2}\int_{t_0}^{T}[x^{\mathrm{T}}C^{\mathrm{T}}(t)Q(t)C(t)x(t)+u^{\mathrm{T}}R(t)u]\mathrm{d}t.\end{aligned} \tag{7.3.4}$$

引理 7.3.1 设受控系统(7.3.1)和(7.3.2)是可观测的. 如果 F 是 r 阶半正定(正定)矩阵，$Q(t)$是 r 阶半正定(正定)的连续矩阵函数，则矩阵

$$C^{\mathrm{T}}(T)FC(T),\quad C^{\mathrm{T}}(t)Q(t)C(t) \tag{7.3.5}$$

也是半正定(正定)的.

证明 由于 $Q(t)$是正定的，所以对任何向量函数 $y(t)\neq 0$，均有

$$y^{\mathrm{T}}(t)Q(t)y(t)>0.$$

由于受控系统(7.3.1)和(7.3.2)是可观测的，故对每一个 $y(t)$均有唯一的 $x(t)$，使

$$y(t)=C(t)x(t),$$

且当 $y(t)\neq 0$ 时，$x(t)\neq 0$，反之亦然. 因此，对任何向量函数 $x(t)\neq 0$，有

$$x^{\mathrm{T}}(t)C^{\mathrm{T}}(t)Q(t)C(t)x(t) = y^{\mathrm{T}}(t)Q(t)y(t) > 0,$$

这表明 $C^{\mathrm{T}}(t)Q(t)C(t)$ 是正定的. 同理，可证其他结论.

根据引理 7.3.1，输出调节器问题(7.3.1)～(7.3.3)可以转化为状态调节器问题(7.3.1)～(7.3.4)，因此，根据定理 7.1.1，有

定理 7.3.1 输出调节器问题(7.3.1)～(7.3.3)的最优控制是

$$u^{*} = R^{-1}B^{\mathrm{T}}P(t)x, \tag{7.3.6}$$

其中，$P(t)$ 是里卡蒂微分方程

$$\dot{P} = -PA(t) - A^{\mathrm{T}}(t)P - PB(t)R^{-1}(t)B^{\mathrm{T}}(t)P + C^{\mathrm{T}}(t)Q(t)C(t),$$
$$P(T) = -C^{\mathrm{T}}(T)FC(T)$$

的半负定解.

下面讨论时间无限的输出调节器问题，系统的状态方程和输出分别为

$$\dot{x} = Ax + Bu, \quad x(t_0) = x_0, \tag{7.3.7}$$

$$y(t) = Cx(t). \tag{7.3.8}$$

性能指标为

$$J[u] = \frac{1}{2}\int_{t_0}^{\infty}(y^{\mathrm{T}}Qy + u^{\mathrm{T}}Ru)\mathrm{d}t, \tag{7.3.9}$$

其中，x 是 n 维向量，u 是 m 维控制向量，y 是 r 维向量，A,B 和 C 分别是 $n\times n, n\times m$ 和 $r\times n$ 矩阵，Q 是 r 阶半正定的矩阵，R 是 m 阶正定的矩阵. 控制函数 $u(t)$ 不受约束，系统是可控和可观测的. 时间无限的输出调节器问题是寻求使系统的性能指标 $J[u]$ 取最小的控制函数 $u(t)$. 根据定理 7.2.1，有

定理 7.3.2 输出调节器问题(7.3.7)～(7.3.9)的最优控制是

$$u^{*} = R^{-1}B^{\mathrm{T}}Px, \tag{7.3.10}$$

其中，P 是里卡蒂代数方程

$$PA + A^{\mathrm{T}}P + PBR^{-1}B^{\mathrm{T}}P = C^{\mathrm{T}}QC$$

的半负定对称矩阵解.

输出调节器问题(7.3.1)～(7.3.3)和(7.3.7)～(7.3.9)是把系统的坐标原点作为平衡点，现在讨论把系统控制到某个非零给定状态的输出调节器问题.

设系统的状态方程和输出分别为

$$\dot{x} = Ax + Bu, \quad x(t_0) = x_0, \tag{7.3.11}$$

$$y(t) = Cx(t), \tag{7.3.12}$$

其中，x 是 n 维向量，u 是 m 维控制向量，y 是 r 维向量，A,B 和 C 分别是 $n\times n, n\times m$

和 $r\times n$ 矩阵,控制函数 $u(t)$不受约束,系统是可控和可观测的.设给定点 y_0,状态 x_0 满足

$$y_0 = Cx_0, \tag{7.3.13}$$

且存在 u_0,使得

$$0 = Ax_0 + Bu_0. \tag{7.3.14}$$

现设离开稳定值 y_0,x_0,u_0 的偏差分别为

$$\tilde{u} = u(t) - u_0,$$
$$\tilde{x} = x(t) - x_0,$$
$$\tilde{y} = y(t) - y_0,$$

其中,$u(t),x(t),y(t)$分别为满足(7.3.11)和(7.3.12)的离开稳定值的一组控制、状态和输出.由(7.3.13)和(7.3.14)可知,$\tilde{u}(t),\tilde{x}(t),\tilde{y}(t)$也满足(7.3.11)和(7.3.12),即有

$$\begin{cases} \dot{\tilde{x}} = A\tilde{x} + B\tilde{u}, & (7.3.15) \\ \tilde{y}(t) = C\tilde{x}(t). & (7.3.16) \end{cases}$$

这样,就把原来的系统化为一个有偏差量的系统.对于系统(7.3.15)和(7.3.16),可取二次型性能指标

$$J[u] = \frac{1}{2}\int_{t_0}^{\infty}(\tilde{y}^{\mathrm{T}}Q\tilde{y} + \tilde{u}^{\mathrm{T}}R\tilde{u})\mathrm{d}t, \tag{7.3.17}$$

其中,Q 是 r 阶半正定的矩阵,R 是 m 阶正定的矩阵.上述性能指标的意义是:以较小的能量消耗为代价使状态保持在给定位置(平衡位置)附近.根据定理 7.3.2,最优输出调节器的解为

$$\tilde{u}^* = K\tilde{x} = R^{-1}B^{\mathrm{T}}P\tilde{x}, \tag{7.3.18}$$

其中,P 是里卡蒂代数方程

$$PA + A^{\mathrm{T}}P + PBR^{-1}B^{\mathrm{T}}P = C^{\mathrm{T}}QC \tag{7.3.19}$$

的半负定对称矩阵解.返回到原来的记号,就有

$$u^* - u_0 = \tilde{u}^* = K\tilde{x} = K(x - x_0),$$
$$u^* = Kx + (u_0 - Kx_0) = Kx + \hat{u},$$

其中,$\hat{u} = u_0 - Kx_0$,$K = R^{-1}B^{\mathrm{T}}P$.所以想求 u^*,只需解(7.3.13)、(7.3.14)和(7.3.19)即可.

7.4 跟踪问题

前面所讨论的调节器问题可以看做是一个跟踪问题,跟踪的目标是某一固定的平衡状态,特别是零状态.然而,工程技术上许多实际问题提出的跟踪曲线往往为某个确定系统的输出.

考察如下跟踪问题：

给定线性受控系统

$$\dot{x} = Ax + Bu, \quad x(t_0) = x_0, \tag{7.4.1}$$

$$y(t) = Cx(t), \tag{7.4.2}$$

其中，x 是 n 维向量，u 是 m 维控制向量，y 是 r 维向量，A,B 和 C 分别是 $n\times n,n\times m$ 和 $r\times n$ 矩阵. 控制函数 $u(t)$ 不受约束，系统是可观测的.

假设上述受控系统所要跟踪的目标轨线是已知系统

$$\dot{z} = Fz, \quad z(t_0) = z_0, \tag{7.4.3}$$

$$\tilde{y}(t) = Hz(t), \tag{7.4.4}$$

其中，z 是 q 维向量，$\tilde{y}$ 是 r 维向量，F,H 分别是 $q\times q$ 和 $r\times q$ 矩阵，同时，假设被跟踪系统是可观测的.

跟踪问题就是寻求使性能指标

$$J[u] = \frac{1}{2}\int_{t_0}^{T}[(y-\tilde{y})^{\mathrm{T}}Q(y-\tilde{y}) + u^{\mathrm{T}}Ru]\mathrm{d}t \tag{7.4.5}$$

达到最小的最优控制 u^*，其中，Q 是 r 阶半正定的矩阵，R 是 m 阶正定的矩阵.

这个问题在工程上的实际意义是：以较小的能量消耗为代价使系统的输出能够接近被跟踪系统的输出.

通过把两个系统看做一个统一的系统的方法，将上述跟踪问题化为一个调节器问题. 为此引进新的状态变量和矩阵

$$\hat{x} = \begin{pmatrix} x \\ z \end{pmatrix}, \quad \hat{A} = \begin{pmatrix} A & 0 \\ 0 & F \end{pmatrix}, \quad \hat{B} = \begin{pmatrix} B \\ 0 \end{pmatrix}, \quad \hat{Q} = \begin{pmatrix} C^{\mathrm{T}}QC & -C^{\mathrm{T}}QH \\ -H^{\mathrm{T}}QC & H^{\mathrm{T}}QH \end{pmatrix}. \tag{7.4.6}$$

从而系统(7.4.1)～(7.4.4)和性能指标(7.4.5)化为

$$\dot{\hat{x}} = \hat{A}\hat{x} + \hat{B}u, \tag{7.4.7}$$

$$J[u] = \frac{1}{2}\int_{t_0}^{T}(\hat{x}^{\mathrm{T}}\hat{Q}\hat{x} + u^{\mathrm{T}}Ru)\mathrm{d}t. \tag{7.4.8}$$

由于受控系统(7.4.1)和(7.4.2)与被跟踪系统(7.4.3)和(7.4.4)都是可观测的，所以，易知 $\hat{Q}$ 是半正定的矩阵. 事实上，由(7.4.6)可见 $\hat{Q}$ 是对称的，又有不等式

$$\begin{aligned} 0 &\leqslant (y-\tilde{y}^{\mathrm{T}})Q(y-\tilde{y}) \\ &= (x^{\mathrm{T}}, z^{\mathrm{T}})\begin{pmatrix} C^{\mathrm{T}} \\ -H^{\mathrm{T}} \end{pmatrix}Q(C,-H)\begin{pmatrix} x \\ z \end{pmatrix} \\ &= \hat{x}^{\mathrm{T}}\hat{Q}\hat{x}. \end{aligned}$$

因此，$\hat{Q}$ 是半正定的矩阵，从而，系统(7.4.7)和(7.4.8)是有限时间状态调节器问题. 根据定理 7.1.1，可得

$$u^* = R^{-1}\hat{B}^{\mathrm{T}}\hat{P}(t)\hat{x}, \tag{7.4.9}$$

其中，$\hat{P}(t)$是里卡蒂微分方程

$$\begin{cases} \dot{\hat{P}} = -\hat{P}\hat{A} - \hat{A}^{\mathrm{T}}\hat{P} - \hat{P}\hat{B}R^{-1}\hat{B}^{\mathrm{T}}\hat{P} + \hat{Q}, \\ \hat{P}(T) = 0 \end{cases} \tag{7.4.10}$$

的半负定解.性能指标的最小值为

$$J^*[\hat{x}(t_0),t_0] = -\frac{1}{2}\hat{x}^{\mathrm{T}}(t_0)\hat{P}(t_0)\hat{x}(t_0). \tag{7.4.11}$$

为得到原问题的相应结论，将(7.4.9)～(7.4.11)返回到原来的跟踪问题，将 $\hat{P}(t)$ 写成分块形式

$$\hat{P}(t) = \begin{pmatrix} P & P_1^{\mathrm{T}} \\ P_1 & P_2 \end{pmatrix}, \tag{7.4.12}$$

其中，P,P_1,P_2 分别是 $n\times n, q\times n$ 和 $q\times q$ 矩阵.于是，(7.4.10)可以改写成

$$\begin{cases} \dot{P} = -PA - A^{\mathrm{T}}P - PBR^{-1}B^{\mathrm{T}}P + C^{\mathrm{T}}QC, \\ P(T) = 0, \end{cases} \tag{7.4.13}$$

$$\begin{cases} \dot{P}_1 = -P_1A - F^{\mathrm{T}}P_1 - P_1BR^{-1}B^{\mathrm{T}}P - H^{\mathrm{T}}QC, \\ P_1(T) = 0, \end{cases} \tag{7.4.14}$$

$$\begin{cases} \dot{P}_2 = -P_2F - F^{\mathrm{T}}P_2 - P_1BR^{-1}B^{\mathrm{T}}P_1 + H^{\mathrm{T}}QH, \\ P_2(T) = 0. \end{cases} \tag{7.4.15}$$

由微分方程组(7.4.13)～(7.4.15)可解得 P,P_1,P_2，从而可得到(7.4.12)形式的 $\hat{P}(t)$，于是最优控制为

$$\begin{aligned} u^* &= R^{-1}\hat{B}^{\mathrm{T}}\hat{P}(t)\hat{x} \\ &= R^{-1}(B^{\mathrm{T}},0)\begin{pmatrix} P & P_1^{\mathrm{T}} \\ P_1 & P_2 \end{pmatrix}\begin{pmatrix} x \\ z \end{pmatrix} \\ &= R^{-1}(B^{\mathrm{T}}P, B^{\mathrm{T}}P_1^{\mathrm{T}})\begin{pmatrix} x \\ z \end{pmatrix} \\ &= R^{-1}B^{\mathrm{T}}Px + R^{-1}B^{\mathrm{T}}P_1^{\mathrm{T}}z. \end{aligned} \tag{7.4.16}$$

性能指标的最小值为

$$\begin{aligned} J^*[\hat{x}(t_0),t_0] &= -\frac{1}{2}\hat{x}^{\mathrm{T}}(t_0)\hat{P}(t_0)\hat{x}(t_0) \\ &= -\frac{1}{2}(x^{\mathrm{T}}(t_0), z^{\mathrm{T}}(t_0))\begin{pmatrix} P(t_0) & P_1^{\mathrm{T}}(t_0) \\ P_1(t_0) & P_2(t_0) \end{pmatrix}\begin{pmatrix} x(t_0) \\ z(t_0) \end{pmatrix} \\ &= -\frac{1}{2}x^{\mathrm{T}}(t_0)P(t_0)x(t_0) - x^{\mathrm{T}}(t_0)P_1^{\mathrm{T}}(t_0)z(t_0) \\ &\quad - \frac{1}{2}z^{\mathrm{T}}(t_0)P_2(t_0)z(t_0). \end{aligned} \tag{7.4.17}$$

7.5　离散系统的线性调节器问题

设离散线性控制系统的状态方程为

$$x(k+1)=A(k)x(k)+B(k)u(k),\quad x(0)=x_0,\quad k=0,1,\cdots,k_1-1, \tag{7.5.1}$$

性能指标为

$$J[u]=\frac{1}{2}x^{\mathrm{T}}(k_1)Fx(k_1)+\frac{1}{2}\sum_{k=0}^{k_1-1}[u^{\mathrm{T}}(k)R(k)u(k)+x^{\mathrm{T}}(k)Q(k)x(k)], \tag{7.5.2}$$

其中，$x(k)$是 n 维向量，$u(k)$是 m 维控制向量，控制序列 $u(k)$不受约束，F，$Q(k)$是半正定的对称矩阵，R 是正定的对称矩阵. 问题是寻求使性能指标(7.5.2)取最小值的最优控制序列 $u^*(k)$. 这个最优控制问题称为离散线性调节器问题.

由于对控制序列 $u(k)$没有约束，可以应用变分法求解这个问题.

哈密顿函数为

$$\begin{aligned}H(k)=&-\frac{1}{2}[u^{\mathrm{T}}(k)R(k)u(k)+x^{\mathrm{T}}(k)Q(k)x(k)]\\&+\lambda^{\mathrm{T}}(k+1)(A(k)x(k)+B(k)u(k)).\end{aligned} \tag{7.5.3}$$

根据离散控制系统的变分法，有

$$\frac{\partial H(k)}{\partial u(k)}=-R(k)u(k)+B^{\mathrm{T}}(k)\lambda(k+1)=0,\quad k=k_0,k_0+1,\cdots,k_1-1,$$

于是

$$u^*(k)=R^{-1}(k)B^{\mathrm{T}}(k)\lambda(k+1). \tag{7.5.4}$$

辅助方程为

$$\lambda(k)=\frac{\partial H(k)}{\partial x(k)}=-Q(k)x(k)+A^{\mathrm{T}}(k)\lambda(k+1), \tag{7.5.5}$$

边界条件为

$$\lambda(k_1)=-Fx(k_1). \tag{7.5.6}$$

与连续情形的调节器问题一样，我们希望求得反馈形式的最优控制. 为此，假设

$$\lambda(k)=P(k)x(k),\quad k=0,1,\cdots,k_1-1, \tag{7.5.7}$$

其中，$P(k)$是待定的 n 阶方阵，将(7.5.7)代入(7.5.4)得

$$u^*(k)=R^{-1}(k)B^{\mathrm{T}}(k)P(k+1)x(k+1), \tag{7.5.8}$$

将(7.5.8)代入状态方程(7.5.1)得

$$x(k+1)=A(k)x(k)+B(k)R^{-1}(k)B^{\mathrm{T}}(k)P(k+1)x(k+1), \tag{7.5.9}$$

由(7.5.9)可得

$$x(k+1)=[I-B(k)R^{-1}(k)B^{\mathrm{T}}(k)P(k+1)]^{-1}A(k)x(k), \tag{7.5.10}$$

将(7.5.7)代入辅助方程(7.5.5)得

$$P(k)x(k)=-Q(k)x(k)+A^{\mathrm{T}}(k)P(k+1)x(k+1), \tag{7.5.11}$$

将(7.5.10)代入(7.5.11)得

$$\begin{aligned}P(k)x(k)=&-Q(k)x(k)\\&+A^{\mathrm{T}}(k)P(k+1)[I-B(k)R^{-1}B^{\mathrm{T}}(k)P(k+1)]^{-1}A(k)x(k).\end{aligned} \tag{7.5.12}$$

由于(7.5.12)对状态方程的任意解都成立,所以必有

$$P(k)=-Q(k)+A^{\mathrm{T}}(k)P(k+1)[I-B(k)R^{-1}(k)B^{\mathrm{T}}(k)P(k+1)]^{-1}A(k). \tag{7.5.13}$$

当 $P(k+1)$ 可逆时,有

$$\begin{aligned}&P(k+1)[I-B^{\mathrm{T}}(k)R^{-1}B^{\mathrm{T}}(k)P(k+1)]^{-1}\\&=\{[I-B(k)R^{-1}(k)B^{\mathrm{T}}(k)P(k+1)]P^{-1}(k+1)\}^{-1}\\&=[P^{-1}(k+1)-B(k)R^{-1}(k)B^{\mathrm{T}}(k)]^{-1},\end{aligned} \tag{7.5.14}$$

将(7.5.14)代入(7.5.13)得

$$P(k)=-Q(k)+A^{\mathrm{T}}(k)[P^{-1}(k+1)-B(k)R^{-1}(k)B^{\mathrm{T}}(k)]^{-1}A(k), \tag{7.5.15}$$

方程(7.5.15)称为里卡蒂差分方程,由(7.5.6)可知它满足终端条件

$$P(k_1)=-F. \tag{7.5.16}$$

由递推公式(7.5.15)和终端条件(7.5.16)可依次求出 $P(k),k=k_1-1,k_1-2,\cdots,0$.
若 $A^{-1}(k)$存在,由辅助方程(7.5.5)和(7.5.7)可得

$$\lambda(k+1)=[A^{-1}(k)]^{\mathrm{T}}[P(k)+Q(k)]x(k),$$

代入(7.5.4),得

$$u^*(k)=R^{-1}(k)B^{\mathrm{T}}(k)[A^{\mathrm{T}}(k)]^{-1}[P(k)+Q(k)]x(k), \tag{7.5.17}$$

将(7.5.15)代入,得

$$u^*(k)=R^{-1}(k)B^{\mathrm{T}}(k)[P^{-1}(k+1)-B(k)R^{-1}(k)B^{\mathrm{T}}(k)]^{-1}A(k)x(k). \tag{7.5.18}$$

由 F 的半正定性、递推公式(7.5.15)和终端条件(7.5.16)可依次得出 $P(k)$

$(k=k_1-1,k_1-2,\cdots,0)$是对称半负定的矩阵，于是$R(k)-B^{\mathrm{T}}(k)P(k+1)B(k)$是对称正定矩阵. 注意到

$$\begin{aligned}&(P^{-1}-BR^{-1}B^{\mathrm{T}})[P+PB(R-B^{\mathrm{T}}PB)^{-1}B^{\mathrm{T}}P]\\&=I-BR^{-1}B^{\mathrm{T}}P+B(R-B^{\mathrm{T}}PB)^{-1}B^{\mathrm{T}}P-BR^{-1}B^{\mathrm{T}}P(R-B^{\mathrm{T}}PB)B^{\mathrm{T}}P\\&=I-BPR^{-1}B^{\mathrm{T}}P+BR^{-1}R(R-B^{\mathrm{T}}PB)^{-1}B^{\mathrm{T}}P-BR^{-1}B^{\mathrm{T}}PB(R-B^{\mathrm{T}}PB)^{-1}B^{\mathrm{T}}P\\&=I,\end{aligned}$$

从而

$$(P^{-1}-BR^{-1}B^{\mathrm{T}})^{-1}=P+PB(R-B^{\mathrm{T}}PB)^{-1}B^{\mathrm{T}}P,$$

于是，递推方程(7.5.15)还可以表示为

$$\begin{aligned}P(k)=&-Q(k)+A^{\mathrm{T}}(k)P(k+1)A(k)\\&+A^{\mathrm{T}}(k)P(k+1)B(k)[R(k)-B^{\mathrm{T}}(k)P(k+1)B(k)]^{-1}B^{\mathrm{T}}(k)P(k+1)A(k),\end{aligned}\tag{7.5.19}$$

令

$$S(k)=[R(k)-B^{\mathrm{T}}(k)P(k+1)B(k)]^{-1}B^{\mathrm{T}}(k)P(k+1)A(k),\tag{7.5.20}$$

将(7.5.19)代入(7.5.17)，并注意到

$$B^{\mathrm{T}}(k)P(k+1)A(k)=[R(k)-B^{\mathrm{T}}(k)P(k+1)B(k)]S(k),$$

可以得到

$$u^*(k)=S(k)x(k),\tag{7.5.21}$$

于是，有

定理 7.5.1 离散系统线性调节器问题(7.5.1)和(7.5.2)的最优控制可以表示为(7.5.18)或(7.5.21)的形式，其中，$P(k)$是矩阵里卡蒂差分方程(7.5.15)和(7.5.16)或(7.5.19)和(7.5.16)的解.

定理 7.5.1 给出了离散线性调节器问题解存在的必要条件，下面给出离散线性调节器问题解存在的充分条件，即

定理 7.5.2 反馈形式的控制向量序列

$$u^*(k)=S(k)x(k)$$

是离散线性调节器问题(7.5.1)和(7.5.2)的解，并且性能指标的最小值为

$$J^*=-\frac{1}{2}x^{\mathrm{T}}(0)P(0)x(0),\tag{7.5.22}$$

其中，

$$S(k)=[R(k)-B^{\mathrm{T}}(k)P(k+1)B(k)]^{-1}B^{\mathrm{T}}(k)P(k+1)A(k),$$

$P(k)$是矩阵里卡蒂差分方程(7.5.15)和(7.5.16)的解.

证明 由于

$$\begin{aligned}&\sum_{k=0}^{k_1-1}[x^{\mathrm{T}}(k+1)P(k+1)x(k+1)-x^{\mathrm{T}}(k)P(k)x(k)]\\&=x^{\mathrm{T}}(k_1)P(k_1)x(k_1)-x^{\mathrm{T}}(0)P(0)x(0),\end{aligned}$$

又 $P(k_1)=-F$,所以

$$\begin{aligned}&x^{\mathrm{T}}(k_1)Fx(k_1)+\sum_{k=0}^{k_1-1}[x^{\mathrm{T}}(k+1)P(k+1)x(k+1)-x^{\mathrm{T}}(k)P(k)x(k)]\\&=-x^{\mathrm{T}}(0)P(0)x(0),\end{aligned}\tag{7.5.23}$$

由状态方程(7.5.1)可得

$$\begin{aligned}&x^{\mathrm{T}}(k+1)P(k+1)x(k+1)\\&=[A(k)x(k)+B(k)u(k)]^{\mathrm{T}}P(k+1)[A(k)x(k)+B(k)u(k)],\end{aligned}\tag{7.5.24}$$

由(7.5.20)可得

$$B^{\mathrm{T}}(k)P(k+1)A(k)=[R(k)-B^{\mathrm{T}}(k)P(k+1)B(k)]S(k),\tag{7.5.25}$$

从而

$$A^{\mathrm{T}}(k)P(k+1)B(k)=S^{\mathrm{T}}(k)[R(k)-B^{\mathrm{T}}(k)P(k+1)B(k)],\tag{7.5.26}$$

由(7.5.19)、(7.5.25)和(7.5.26)得

$$\begin{aligned}&x^{\mathrm{T}}(k)P(k)x(k)\\&=x^{\mathrm{T}}(k)\{-Q(k)+A^{\mathrm{T}}(k)P(k+1)A(k)+A^{\mathrm{T}}(k)P(k+1)B(k)\\&\quad\cdot[R(k)-B^{\mathrm{T}}(k)P(k+1)B(k)]^{-1}B^{\mathrm{T}}(k)P(k+1)A(k)\}x(k)\\&=x^{\mathrm{T}}(k)\{-Q(k)+A^{\mathrm{T}}(k)P(k+1)A(k)\\&\quad+S^{\mathrm{T}}(k)[R(k)-B^{\mathrm{T}}(k)P(k+1)B(k)]S(k)\}x(k),\end{aligned}\tag{7.5.27}$$

将(7.5.24)和(7.5.27)代入(7.5.23),得

$$\begin{aligned}&x^{\mathrm{T}}(k_1)Fx(k_1)+\sum_{k=0}^{k_1-1}[x^{\mathrm{T}}(k)Q(k)x(k)+u^{\mathrm{T}}(k)R(k)u(k)]\\&-\sum_{k=0}^{k_1-1}[u(k)-S(k)x(k)]^{\mathrm{T}}[R(k)-B^{\mathrm{T}}(k)P(k+1)B(k)][u(k)-S(k)x(k)]\\&=-x^{\mathrm{T}}(0)P(0)x(0),\end{aligned}$$

由上式,性能指标可表示为

$$J[u]=x^{\mathrm{T}}(k_1)Fx(k_1)+\sum_{k=0}^{k_1-1}[x^{\mathrm{T}}(k)Q(k)x(k)+u^{\mathrm{T}}(k)R(k)u(k)]$$

$$=-\frac{1}{2}x^{\mathrm{T}}(0)P(0)x(0)$$

$$+\frac{1}{2}\sum_{k=0}^{k_1-1}[u(k)-S(k)x(k)]^{\mathrm{T}}[R(k)-B^{\mathrm{T}}(k)P(k+1)B(k)][u(k)-S(k)x(k)],$$

由于 $R(k)-B^{\mathrm{T}}(k)P(k+1)B(k)$ 是对称的正定矩阵,故当

$$u(k)=u^*(k)=S(k)x(k)$$

时,性能指标达到最小值

$$J^*=J[u^*]=-\frac{1}{2}x^{\mathrm{T}}(0)P(0)x(0).$$

例 7.5.1　离散线性控制系统的状态方程为

$$x(k+1)=\begin{pmatrix}1&0\\0&1\end{pmatrix}x(k)+\begin{pmatrix}0\\1\end{pmatrix}u(k),\quad k=0,1,2,3,$$

$$x(0)=(1,1)^{\mathrm{T}},$$

性能指标为

$$J[u(k)]=\frac{1}{4}[x_1^2(4)+x_2^2(4)]+\frac{1}{2}\sum_{k=0}^{3}[x_1^2(k)+x_2^2(k)+u^2(k)].$$

求使性能指标达到最小值的控制序列 $u^*(k)(k=0,1,2,3)$ 和性能指标的最小值 J^*.

解　由于

$$A=\begin{pmatrix}1&0\\0&1\end{pmatrix},\quad B=\begin{pmatrix}0\\1\end{pmatrix},\quad F=\begin{pmatrix}\frac{1}{2}&0\\0&\frac{1}{2}\end{pmatrix},\quad Q=\begin{pmatrix}1&0\\0&1\end{pmatrix},\quad R=(1),$$

故里卡蒂矩阵差分方程为

$$P(k)=-\begin{pmatrix}1&0\\0&1\end{pmatrix}+\left[P^{-1}(k+1)-\begin{pmatrix}0&0\\0&1\end{pmatrix}\right]^{-1},$$

终端条件为

$$P(4)=-F=\begin{pmatrix}-\frac{1}{2}&0\\0&-\frac{1}{2}\end{pmatrix}.$$

由递推公式和终端条件,得

$$P(3)=-\begin{pmatrix}1&0\\0&1\end{pmatrix}+\left[P^{-1}(4)-\begin{pmatrix}0&0\\0&1\end{pmatrix}\right]^{-1}$$
$$=-\begin{pmatrix}1&0\\0&1\end{pmatrix}+\left[\begin{pmatrix}-2&0\\0&-2\end{pmatrix}-\begin{pmatrix}0&0\\0&1\end{pmatrix}\right]^{-1}$$
$$=\begin{pmatrix}-\frac{3}{2}&0\\0&-\frac{4}{3}\end{pmatrix}.$$

同理可得

$$P(2)=\begin{pmatrix}-\frac{5}{2}&0\\0&-\frac{11}{7}\end{pmatrix},\quad P(1)=\begin{pmatrix}-\frac{7}{2}&0\\0&-\frac{29}{18}\end{pmatrix},\quad P(0)=\begin{pmatrix}-\frac{9}{2}&0\\0&-\frac{76}{47}\end{pmatrix}.$$

由反馈形式的最优控制公式(7.5.17),有

$$u^*(0)=(0,1)[P(0)+Q(0)]x(0)$$
$$=(0,1)\begin{pmatrix}-\frac{7}{2}&0\\0&-\frac{29}{47}\end{pmatrix}\begin{pmatrix}1\\1\end{pmatrix}$$
$$=-\frac{29}{47},$$

代入状态方程,得

$$(x_1(1),x_2(1))^{\mathrm{T}}=\left(1,\frac{18}{47}\right)^{\mathrm{T}},$$

同样可得

$$u^*(1)=-\frac{11}{18}x_2(1)=-\frac{11}{47},$$
$$(x_1(2),x_2(2))^{\mathrm{T}}=\left(1,\frac{7}{47}\right)^{\mathrm{T}},$$
$$u^*(2)=-\frac{4}{7}x_2(2)=-\frac{4}{47},$$
$$(x_1(3),x_2(3))^{\mathrm{T}}=\left(1,\frac{3}{47}\right)^{\mathrm{T}},$$
$$u^*(3)=-\frac{1}{3}x_2(3)=-\frac{1}{47}.$$

根据定理 7.5.2,性能指标的最小值为

$$J^{*}=-\frac{1}{2}x^{\mathrm{T}}(0)P(0)x(0)=-\frac{1}{2}(1,1)\begin{pmatrix}-\dfrac{9}{2} & 0\\ 0 & -\dfrac{76}{47}\end{pmatrix}\begin{pmatrix}1\\1\end{pmatrix}=\frac{575}{188}.$$

习　题　7

1. 设系统的状态方程为

$$\dot{x}=2x+u,\quad x(t_0)=x_0,$$

性能指标为

$$J=\frac{1}{2}\int_{t_0}^{t_1}\left(\frac{9}{4}x^2+u^2\right)\mathrm{d}t.$$

试求 $u^*(t)$使 J 取最小值.

2. 设系统的状态方程为

$$\dot{x}=-x+u,$$

初始状态为

$$x(0)=5,$$

性能指标为

$$J=\frac{3}{2}x^2(1)+\frac{1}{2}\int_0^1(3x^2+u^2)\mathrm{d}t.$$

试确定使性能指标 J 取最小值的最优控制 $u^*(t)$和最优值.

3. 二阶控制系统的状态方程为

$$\dot{x}_1=x_2,\quad \dot{x}_2=u,$$

初始状态为

$$x(0)=(1,1)^{\mathrm{T}},$$

性能指标为

$$J=\frac{1}{2}\int_0^{\infty}(x_1^2+ru^2)\mathrm{d}t.$$

试求使 J 取最小值的最佳状态调节器 $u^*(t)$和最优值.

4. 设二阶控制系统的状态方程为

$$\dot{x}=Ax+Bu,$$

其中,

$$A=\begin{pmatrix}0 & 1\\ -1 & 0\end{pmatrix},\quad B=\begin{pmatrix}0\\1\end{pmatrix},$$

初始状态为

$$x(0)=(0,1)^{\mathrm{T}},$$

性能指标为

$$J = 4x_1^2(4) + \frac{1}{2}\int_0^4 u^2 \mathrm{d}t.$$

试求使 J 取最小值最优状态调节器 $u^*(t)$.

5. 给定系统

$$\dot{x}_1 = x_2, \quad \dot{x}_2 = u,$$

初始状态为

$$x(0) = (1,1)^{\mathrm{T}},$$

性能指标为

$$J = \frac{1}{2}\int_0^{\infty} (\alpha x_1^2 + \beta x_2^2 + u^2) \mathrm{d}t,$$

其中,α 和 β 均为正数.求使 J 取最小值最优状态调节器 $u^*(t)$.

6. 设二阶线性受控系统为

$$\dot{x} = \begin{pmatrix} 0 & 1 \\ 0 & 0 \end{pmatrix} x + \begin{pmatrix} 0 \\ 1 \end{pmatrix} u, \quad x(t_0) = x_0,$$

$$y = (1,0)x.$$

要求跟踪一阶系统

$$\dot{z} = z, \quad z(t_0) = z_0,$$

$$\tilde{y} = z.$$

求最优控制 u^* 使性能指标

$$J[u] = \frac{1}{2}\int_{t_0}^{T} [(y - \tilde{y})^2 + u^2] \mathrm{d}t$$

取最小值.

7. 设离散线性控制系统的状态方程为

$$x(k+1) = Ax(k) + Bu(k), \quad k = 0,1,2,3,$$

初始条件为

$$x(0) = (1,1)^{\mathrm{T}},$$

其中,

$$x(k) = (x_1(k), x_2(k))^{\mathrm{T}}, \quad A = \begin{pmatrix} 1 & 0 \\ 0 & 1 \end{pmatrix}, \quad B = \begin{pmatrix} 0 \\ -1 \end{pmatrix},$$

性能指标为

$$J = \frac{1}{2}x_1^2(4) + \frac{1}{2}\sum_{k=0}^{3} u^2(k).$$

求使 J 达到最小的控制序列 $u^*(0), u^*(1), u^*(2), u^*(3)$ 和性能指标的最小值.

参考文献

［1］ 庞特里雅金 A C 等. 最佳过程的数学理论. 陈祖浩等译. 上海：上海科学技术出版社，1961.

［2］ 关肇直等. 极值控制与极大值原理. 北京：科学出版社，1980.

［3］ 解学书. 最优控制理论和应用. 北京：清华大学出版社，1986.

［4］ 王怀忠. 应用最佳控制. 长春：吉林大学出版社，1993.

［5］ 张学铭，李训经，陈祖浩. 最优控制系统的微分方程理论. 北京：高等教育出版社，1989.

［6］ 毛云英. 动态系统与最优控制. 北京：高等教育出版社，1994.

［7］ 吴昌浦. 最优控制理论与方法. 北京：国防工业出版社，2000.

［8］ 王康宁. 最优控制的数学理论. 北京：国防工业出版社，1995.

［9］ 张德昌. 最优系统基础. 西安：西北工业大学出版社，1987.

［10］ 林畛. 变分法与最优控制. 哈尔滨：哈尔滨工业大学出版社，1987.

［11］ 雍炯敏. 动态规划方法与 HJB 方程. 上海：上海科学技术出版社，1992.

［12］ 邢继祥，张春蕊，徐洪泽. 最优控制应用基础. 北京：科学出版社，2003.

［13］ 王朝珠，秦化淑. 最优控制理论. 北京：科学出版社，2003.

［14］ 蔡宣三等. 最优化与最优控制. 北京：清华大学出版社，1983.

［15］ Kalman R E. Contributions to the Theory of Optimal Control. Bol. Soc. Mat. Mex.，1960，5：102～119.

［16］ 阿佛里尔 M. 非线性规划——分析与方法. 李元熹等译. 上海：上海科学技术出版社，1979.

［17］ 王冀. 离散控制系统. 北京：科学出版社，1987.

［18］ Gamkrelidze R V. Principles of Optimal Control Theory. New York：Plenum Press，1978.